QUANDO EU VIM DE MINAS

jandaíra

Este livro foi revisado segundo o Novo Acordo Ortográfico da Língua Portuguesa.

Preparação de texto: Marina Saraiva
Revisão: Eliana Ribeiro e Equipe Jandaíra
Fotos: acervo pessoal de Nilton Ribeiro
Tratamento das fotos: Carlos Ricon

Dados Internacionais de Catalogação na Publicação (CIP)
(Câmara Brasileira do Livro, SP, Brasil)

Ribeiro, Nilton

Quando eu vim de Minas: a bagagem histórico musical de Nilton Ribeiro / Nilton Ribeiro. -- São Paulo: Editora Jandaíra, 2024.

ISBN 978-65-5094-143-7

1. Discografia 2. Experiências - Relatos 3. Música popular brasileira 4. Músicos - Autobiografia 5. Ribeiro, Nilton I. Título.

24-229857 CDD-780.092

Índices para catálogo sistemático:

1. Músicos : Autobiografia 780.092

Aline Graziele Benitez - Bibliotecária - CRB-1/3129

jandaíra

Rua Vergueiro, 2087 cj. 306 · 04101-000 · São Paulo, SP
11 3062-7909
editorajandaira.com.br
Editora Jandaíra
@editorajandaira

QUANDO EU VIM DE MINAS

A bagagem histórico-musical de Nilton Ribeiro

jandaíra

NILTON RIBEIRO

ÁGUAS DE RIBEIROS

POR
ELIANA RIBEIRO

Corriam ribeiros sozinhos
Cada um em sua direção
Corriam assim, e ligeiros,
A desviar tanto desejo e
A conter tanta emoção

Ah! Era muita água arrebentando
Muita emoção desaguando
Pediam a sós em oração:
"Curso-d'água que me guia
E desemboca no oceano
Lavai minha alma
Livrai-me do desengano"

Seguiam confusos seu curso
E num dia de vazante
Cada qual, a sós, de seu leito
Pediu com a força à lua
Trazes pra mim um amor
Que já não me posso assim
Em tão vã busca constante

Ah! E bem assim se deu
Que esses dois ribeiros
De tanto sozinhos correrem
Num certo inverno se viram
E suas águas sedentas
Em rio cheio se fundiram

ELIANA RIBEIRO é a síntese de uma vida dedicada às palavras e da busca dos significados que delas afloram. Ouvinte atenta e observadora sensível das coisas do mundo, sempre foi curiosa pelas descobertas possíveis e sentidos implícitos, o que a levou à formação acadêmica no campo das letras, linguística, semiótica e leitura. Mestre pela USP e doutora pela PUC-SP, com mais de trinta anos dedicados à docência no ensino superior e escrita científica, nos últimos anos vem se lançando no campo da produção literária: com poesias, crônicas, ensaios literários e agora biografia compartilhada, ou história de vida. Sua estreia na literatura foi a coletânea de crônicas e contos AMIGOS, lançada na 26ª Bienal do Livro de São Paulo, mas sua mais empolgante epopeia neste universo foi a organização desta obra que se apresenta, cuja produção escrita foi compartilhada com os amantes das artes, da literatura, da história e da cultura em geral.

SUMÁRIO

APRESENTAÇÃO

POR

ELIANA RIBEIRO[1]

Vamos renascer das cinzas/ Plantar de novo o arvoredo/ Bom calor nas mãos unidas/ Na cabeça um grande enredo

("Renascer das cinzas", Martinho da Vila, 1974)

[1] Linguista, semioticista, educadora e escritora.

A CONDIÇÃO DE SERMOS SUJEITOS HISTÓRICOS — em que histórias individuais produzem histórias coletivas, que resultam em histórias sociais, que formam as histórias mundiais — permite metaforicamente pensar a vida como um grande livro a ser preenchido. Desde tempos remotos, as histórias são utilizadas pelos mais diversos segmentos tanto para propor reflexões, quanto para inspirar pessoas. Ressalte-se, a título de exemplos, a importância dos xamãs e dos griôs no manejo para a exaltação e perpetuação dos saberes ancestrais, e o consequente alívio emocional provocado a quem acessa essas histórias. Ou seja, sempre haverá um bom lar para acolhê-las, pois todos temos narrativas. Mas ocorre que, a depender de quem as conta, do foco escolhido para contá-las e da quantidade de tempo por que uma história é contada do mesmo jeito, há o perigo da história única, como nos adverte a escritora nigeriana Chimamanda Adichie.

Evitar esse perigo certamente foi a maior motivação para o empreendimento da escrita compartilhada desta obra: que a história de Nilton Ribeiro — que não é apenas a narrativa sobre sua vida, e este já seria por si um motivo muito nobre — fosse contada sem que fosse suprimida a riqueza de conhecimentos guardada nos detalhes e/ou sem que fossem alterados fatos preciosos que ele protagonizou com os ases da Música Popular Brasileira, num tempo em que o registro dos fatos e a repercussão deles não dispunham dos aparatos tecnológicos existentes hoje para a garantia da preservação, originalidade e fidedignidade dos fatos.

Somado a isso, tanto a convivência com a narrativa oral de Nilton, que criou a percepção da importância e riqueza das histórias por ele vivenciadas e/ou protagonizadas, como também a função catártica que a escrita dessas memórias poderia lhe proporcionar foram os faróis indicativos do trabalho a ser feito, uma vez que havia diante de nós um robusto material a ser tratado, lapidado e organizado sobre a história da produção e divulgação da Música Popular Brasileira.

Lembremos, ainda, a grande escritora Conceição Evaristo sobre *escrevivências*: a importância de escrevermos sobre as histórias de nossas vivências e de nossa sobrevivência, o que por séculos nos foi impossibilitado, concorrendo, assim, para a produção de uma imagem de desumanização sobre nós, pessoas negras. Esta obra — que não é só biográfica, nem só ensaística ou só poética — em muito contribuiu para a reconstrução de memórias históricas, à medida que narrativas de vida iam sendo evocadas, convocadas e cruzadas.

O processo da escrita deste livro se deu inicialmente por vários cadernos de anotações feitas por Nilton, e o tempo decorrido na execução desse processo foi o de dois anos, tanto para a assimilação e elucidação das ideias, quanto para a suavização das lembranças, pois ao acessar algumas memórias que revestiam os fatos, muitas vezes foram acessados lugares de dor, já que Nilton vivenciava duplamente os sentimentos por elas produzidos.

Foi necessário, portanto, que respeitássemos o caminhar natural da materialização em texto das lembranças que ele próprio, num primeiro momento, foi produzindo de modo bem espontâneo, a fim de que as ideias fossem surgindo ainda em estado da arte. Sua narrativa cuidadosamente trabalhada transmuta-se de uma escrita livre e descompromissada para o texto revelador da consciência crítica que vai se formando, na medida em que o olhar para trás vai desatando nós e costurando remendos, fazendo aflorar dessa consciência crítico-social também a crítico-cultural e a crítico-racial.

Aliás, não me surpreendeu que a escrita de Nilton já apresentasse um grau importante de apuro, acompanhado da expressão de seu vasto e rico conhecimento musical, o que logo se revelou a mim por meio das alegres e frequentes conversas e declamações das letras, tanto poéticas quanto crítico-sociais do repertório da nossa MPB, cuja espontaneidade dos relatos foi me instigando à empreitada da organização de um registro elaborado na forma de livro. Tal apuro me conduziu harmonicamente à escolha de um estilo que fui imprimindo ao arranjo do texto.

O ritmo dado à narrativa, por certo, só foi possível em vista da proximidade entre nós, de tal modo que os ajustes na forma, no conteúdo e na expressão do conteúdo se deram de modo muito didático, pois muito aprendi no exercício da escuta, da leitura, da transcrição e da redação. Mas a empreitada da escrita só se tornou possível, para mim e para Nilton, pela convocação da ancestralidade — sob a condução da fé nos Orixás — e mediante a cumplicidade afetiva e de respeito mútuo.

Ao relembrar os fatos mais significativos na sua trajetória de vida pessoal, familiar e profissional, Nilton materializou as lembranças, revestindo de sentido as palavras, que evocam as vozes ancestrais, uma vez que, ao se resgatarem histórias, outras presenças — a quem as vozes nem sempre foram permitidas — vão se somando ao protagonismo de Nilton, cujos relatos ora denunciavam opressões, ora anunciavam superações, ora alegres relatos de vivências e curiosidades com artistas de variadas expressões, cantores, músicos, gentes outras que vêm colorindo sua caminhada.

O relato do percurso de vida de Nilton Ribeiro como o jovem sonhador que saiu de Minas Gerais para São Paulo, em meados dos anos 1960, trazendo em sua bagagem muitos sonhos e uma singela e importante experiência de trabalho com a música na rádio de sua cidade, Lavras, vai construindo múltiplos enredos na sua trajetória como empresário da Música Popular Brasileira.

O texto foi organizado numa exposição linear dos fatos, obedecendo à ordem cronológica dos acontecimentos, a fim de que se pudesse garantir a condução dos episódios mais significativos que deram forma e conteúdo à percepção do protagonista. Logo, para além da reconstrução de sua caminhada, o objetivo é o de apresentar aos caminhantes — os de há mais tempo de caminhada e os de recente troca de passos — não exclusivamente *o que* se produziu, mas *como* as condições de se produzir e divulgar música de hoje foram imaginadas, pensadas e realizadas lá atrás, além do modo como essas condições foram construindo histórias individuais e coletivas, ao mesmo tempo.

O montante de tudo isto inevitavelmente nos conduz a refletir que todo esse movimento e acúmulo de saberes, individuais e coletivos, foram criando o substrato para a modelização de um conhecimento muito tempo depois oferecido nas faculdades, centros acadêmicos e universidades na forma de cursos de comunicação, como rádio e televisão, jornalismo, publicidade e propaganda, marketing, relações públicas. Assim, podemos dar o devido crédito àqueles que, como Nilton Ribeiro, vieram como galos, anunciando novos repertórios e juntando-se a outros com novas cantorias, porque um galo sozinho não tece uma manhã, conforme nos ensina o poeta João Cabral de Melo Neto.

Trata-se do relato da história da Música Popular Brasileira pelo olhar sensível e curioso e pelo fazer cuidadoso e muitas vezes insistente do corpo negro do mineiro Nilton Ribeiro, que, ao ocupar espaços e fomentar arte com uma estética que rompia com as expectativas esperadas, teve sua passagem dificultada, mas providenciada pela evocação a seu pai Xangô para se manter de pé!

PREFÁCIO

ALTAY VELOSO[2]

[2] Cantor, compositor, músico, ator e escritor.

NILTON RIBEIRO, esse mineiro, paulistano, carioca, baiano — cidadão do mundo — é um caso muito sério. A gente viaja com ele pelos cantos do Brasil e por outros lugares do mundo, e, de repente, alguém na rua chama pelo seu nome: Niltão! Sempre no aumentativo, por conta do tamanho do moço que, se nascido nos Estados Unidos, poderia ter sido uma das estrelas da NBA, mas seu chão e seu céu são outros, seu *habitat* é sob a constelação do Cruzeiro do Sul, cujas estrelas vão de Clementina a Djavan, do som da Bahia às bandas de rock.

O que desde há tempos ele tem para contar é muito bonito, carregado de graça, verdade e genuíno afeto que dura até os dias de hoje; é sempre uma festa quando Nilton visita o camarim de uma dessas estrelas com as quais trabalhou. De alguns, não esteve apenas como divulgador das obras, foi advogado, como bom filho de Xangô. Sua defesa e suas argumentações junto à direção das gravadoras foram decisivas para que grandes companhias investissem no trabalho desses artistas. De outros, tornou-se um amigo querido.

Nilton Ribeiro é de fato um faro aguçado, com gosto exigente e apurado. A familiaridade com a música da diáspora africana, o samba, o blues, o jazz, tornou-o assim: não só um homem do movimento negro, mas um negro em movimento, cheio de *swing* e de "jogo de cintura". Ouvi-lo é sempre muito divertido, principalmente numa noite de sexta-feira, regada a bom vinho e boa comida. Seu refinado humor, sempre presente na contação de suas histórias, faz com que a madrugada voe carregando nossa imaginação.

Aqui, suas histórias são cuidadosamente escritas pela Profa. Dra. Eliana Ribeiro da Silva, que, num trabalho de escuta, reescrita e escrita sensíveis, de respeito à fidelidade dos fatos, busca garantir o protagonismo de Nilton, e agora fazem parte da literatura brasileira, ao fundirem-se histórias e músicas, à semelhança do encontro dos autores descrito em "Águas de Ribeiros".

A obra é um convite aos leitores a emoções e a informações, vindo contribuir com o registro histórico-artístico, pela voz, imagens e visão de um homem negro na divulgação e produção da Música Popular Brasileira, e generosamente entregue aos amantes e estudiosos do gênero lítero-musical. Divirtam-se!

1.

PELAS ONDAS DA RÁDIO LOCAL DE LAVRAS

Prepare o seu coração/ Pras coisas que eu vou contar/ Eu venho lá do sertão/ Eu venho lá do sertão/ E posso não lhe agradar/ Aprendi a dizer não/ Ver a morte sem chorar/ E a morte e o destino tudo/ Estava fora do lugar/ E eu vivo pra consertar...

("Disparada", Théo de Barros e Geraldo Vandré, 1974)

MUITO ANTES DE A PALAVRA "EMPREENDEDOR" aparecer nas redes sociais e circular de boca em boca entre a população brasileira por esses anos de capitalismo neoliberal globalizado do século XXI, o ato de empreender já era fortemente praticado por muitas pessoas neste Brasil continental, rico, colonizado, desigual e diverso. E assim foi para Waldemar Ribeiro da Silva desde sempre.

Nascido no início do século XX, ano 1905, no povoado de Macaia, em Bonsucesso, e vivido na pequena cidade de Lavras, no sul do estado de Minas Gerais, não tivera outra opção senão trabalhar duro, e desde muito jovem, em diferentes frentes: contínuo no Banco do Brasil, barbeiro nos finais de semana, apontador de jogo do bicho. Já homem feito, tornou-se dono de lenharia e comerciante na venda de que era proprietário, anexa à casa onde morava com a família, e a qual lhe renderia, *post mortem*, a alcunha de, para usar um termo imperialista atual, "multiempreendedor". Diz-se, pelas matriarcas da família, ter sido um homem elegante nos modos, de bom gosto no traje e exigente à mesa — atributos que mais adiante veremos terem sido herdados por seu segundo filho do casamento com Geralda Marciano.

Importante considerar que estamos tratando de um contexto que nos desloca para o início do século XX, os primeiros anos de 1900, pouco mais de uma década da assinatura da Lei Áurea, que põe fim à escravidão no Brasil. O jovem Waldemar nasceu e cresceu sob os ares de uma abolição recém-proclamada. Contudo, como bem se sabe, a abolição, ou, mais precisamente, o dia seguinte a ela, marcou o início de um tempo sombrio para as gentes negras, que foram deixadas à sua própria sorte, e um estigma com reflexos sentidos até os dias de hoje. Conforme Jaime (2017, p. 104),

> O Estado não implementou nenhuma medida capaz de corrigir as desigualdades criadas pela escravização dos negros. Ao contrário, foram os senhores de engenho que se beneficiaram de medidas compensatórias, ganhando indenizações estatais ao alegar que a Lei Áurea tomava parte de seu patrimônio (Fernandes, 2008). Ademais, por meio de uma política oficial de branqueamento, estimulou-se nesse mesmo período a imigração europeia. Assim, milhões de portugueses, espanhóis, italianos, alemães, além de japoneses, sírios e libaneses, vieram para o país com passagem de graça para se instalarem como colonos na zona rural ou operários da industrialização que se iniciava (Ribeiro, 2000). Como consequência, os negros foram alijados do mercado de trabalho.

Waldemar já era viúvo e pai de dez filhos quando se casou pela segunda vez, esta com a jovem Geralda, que gestou com ele seis filhos, três meninos e três meninas. Foi na mesma cidade de Lavras, a "terra dos ipês e das escolas", a 193 quilômetros da capital, Belo Horizonte, e a 307 quilômetros da cidade de São Paulo, que em 1948 nascia o pequeno Nilton Ribeiro da Silva, segundo filho do casal, eu.

Morávamos numa grande e confortável casa, com dez cômodos, no centro da cidade, onde eventualmente hospedávamos parentes que chegavam de outras localidades, entre eles, duas tias e um tio por parte de mãe.

Em minhas lembranças, é sempre recorrente a presença de minha avó materna, a sra. Aurisbela Júlia, que morava em Bonsucesso, cidade bem próxima de Lavras, que cuidava da minha mãe em todas as gravidezes dela. Vovó retornava para sua casa somente ao término do resguardo, período em que as crianças maiores recebiam os mimos e paparicos adocicados da boa avó, que lhes fazia as guloseimas preferidas.

É com carinho que, ao recordar de minha vida ainda na infância, destaco com alegria as idas de trem para Bonsucesso, na casa da vó Aurisbela, relembrando o que havia de mais precioso no terreno enorme junto às inúmeras árvores frutíferas: o forno à lenha, no qual eram feitos os pães de queijo e os bolos — e, após a colheita do milho, o curau e a pamonha. O trabalho, realizado coletivamente, era momento de partilha de afeto. Esse espaço, como sendo o próprio paraíso, era também onde se produzia a hóstia para a comunhão na igreja frequentada pelas minhas tias e avó. Há até um fato engraçado sobre um parente que, certo dia, ao chegar de repente à casa de vovó, adentrando na cozinha, depara-se com as mulheres preparando a hóstia para a missa do domingo próximo. Muito indignado, exclama com espanto na voz: "Hóstia?! Eu pensei que vinha de Roma! Não confesso nem comungo nunca mais!!!".

Há alguns outros fatos e personagens que me vêm quando olho para meu passado nas Minas Gerais. Este que se segue ocorrera com a tia Delfina, irmã mais velha de mamãe. Ela tinha ido para "Beozonte" em busca de trabalho e por lá acabou morando, até que conheceu Júlio, homem de fala fácil, com palavras bem colocadas e cuidadoso no modo de se trajar, com quem a boa moça nascida em Lavras contraiu matrimônio, mas sobre o qual pouco ou quase nada se sabia.

O fato é que, certo dia, a jovem Delfina voltou à casa da mãe, em Bonsucesso, trazendo consigo a filha pequena e relatando os frequentes maus-tratos do marido desferidos contra si, e de que este, por razões que lhe eram desconhecidas, acabara sendo preso na capital mineira.

Passados alguns dias, para surpresa da família, o marido de Delfina, fugido da cadeia, foi diretamente para a casa da sogra, minha avó, à procura da esposa e da filha. No dia seguinte, ainda cedinho, estando todos ainda dormindo, por volta das quatro horas da madrugada, a polícia bateu à porta procurando pelo foragido, que, até hoje ninguém sabe como, escapou pelos fundos do quintal, desaparecendo para sempre. E esta história acaba aí... pelo menos para mim, que tive interrompidas as férias tão movimentadas na casa da vovó com a chegada de meu pai, que tinha ido me buscar.

A tia Delfina, após um tempo, foi para o Rio de Janeiro com sua pequena filha, Sônia, e fixou residência na capital fluminense. Morou no bairro de Botafogo, trabalhou como cozinheira em restaurantes de gastronomia mineira e frequentou assiduamente o morro de Santa Marta, onde participava tanto das festas do reisado, quanto das celebrações dos cultos aos orixás.

Por conta de sua forte influência na comunidade do tal morro, foi convidada a gravar um LP com músicas de Folia de Reis, cantando e tocando violão juntamente com o grupo de reisado. Anos depois, participou como figurante nas gravações do filme *Tropa de Elite.* Já sua filha, Sônia, tornou-se bailarina do grupo de dança de Oswaldo Sargentelli e Monsueto, no Rio de Janeiro, onde reside até hoje com seus três filhos.

Pouco tempo depois da fuga do genro, vovó Aurisbela saiu de Bonsucesso para morar em Lavras, em nossa casa, vindo a falecer logo em seguida, em decorrência da idade e das doenças que acometiam os idosos à época.

Assim crescia eu, entre os irmãos pequenos, com idades muito próximas à minha, e os mais velhos que ainda permaneciam na cidade. Entre estes, lembro-me com gratidão e carinho de minha irmã Marilda, falecida recentemente aos 83 anos, responsável por me levar, juntamente com meu irmão Ailton, para a escola. Lembro-me dela e das risadas que até há pouco tempo dávamos ao relembrar uma traquinagem minha: no primeiro dia de aula no Grupo Escolar Padre Dehon, ela me deixou no portão do colégio e naturalmente foi embora. Nem sei dizer como ocorreu, mas o fato foi que antes mesmo de ela chegar em casa, lá estava eu, que não quis ficar naquele lugar antes mesmo de conhecê-lo. Dizem que foi muito difícil eu me acostumar com o novo ambiente da escola naqueles primeiros dias.

Outra história foi a ocorrida já à época do catecismo católico, em que eu me preparava para o dia da Primeira Comunhão. A família, sempre muito atenta aos cuidados das crianças, providenciou a compra dos terninhos que meu irmão Ailton e eu usaríamos na cerimônia da Primeira Eucaristia. Meu pai foi para São Paulo comprar as peças e aproveitou a viagem para também visitar os filhos mais velhos que já moravam na capital paulista.

Às vésperas da celebração católica, minha zelosa mãe, d. Geralda, ordenou que levássemos os terninhos vindos de São Paulo para serem passados na tinturaria em que seu irmão, nosso tio Nelson, trabalhava. Atendendo à ordem de mamãe, ali ficamos até o trabalho ser realizado. Os terninhos foram cuidadosamente colocados pelo tio em dois cabides e entregues um a cada menino, e nós imediatamente fomos para casa. A distância era pequena, mas grande o suficiente para que nos distraíssemos e não notássemos o incidente. Para surpresa de todos, quando mamãe foi guardar a roupa no armário, notou que no cabide que eu carregava só estava o paletozinho; ou seja, a calça curta se perdera no trajeto. Com a decepção estampada no rosto, imediatamente refizemos o caminho de volta, na vã esperança de encontrar a peça.

Tio Nelson, que conhecia o pessoal da rádio, de pronto se mobilizou, solicitando um anúncio pedindo que quem encontrasse um calça curta de casimira entregasse na portaria da emissora ou na tinturaria. Mais uma tentativa frustrada. O jeito mesmo foi improvisar com a calça de brim do uniforme escolar.

E assim fomos para a cerimônia da Primeira Eucaristia, elegantemente vestidos com camisa branca, gravatinha de presilha e paletozinho de casimira preto, meias brancas três-quartos e sapatos pretos lustrosamente apresentados — e eu com a tal calça de brim improvisada. A foto guardada tanto tempo após este fato é registro ocular da elegância dos irmãos Ribeiro, a mesma que desde sempre procurei manter em minhas incursões pela vida afora.

Sobre tio Nelson, o tintureiro encarregado de passar os terninhos, posso dizer que foi, por esses tempos, importante influência em minha vida. O meu precoce interesse pela arte da combinação entre as letras, os sons e os ritmos foi fortemente afetado pela minha relação com esse tio, que tocava com maestria a gaita de chave, além da habilidade que o notabilizou na cidade: era um craque em decifrar charadas, sendo sempre o ganhador do prêmio oferecido, que era uma entrada para o cinema central. De tanto decifrar, ficou proibido de participar por um tempo, para que outros inscritos também pudessem ter a oportunidade de disputar o cobiçado prêmio.

Outra prática que o tornava admirado era correr de norte a sul da cidade, percorrendo diariamente dez quilômetros. Para isso, acordava cedinho, às quatro horas da manhã.

Toda essa disposição junto à boa genética da família propiciou que vivesse até os 95 anos, e, na ocasião de sua passagem, recebeu uma linda e justa homenagem da Prefeitura de Lavras.

Em 1957, minha família se mudou para São Paulo a pedido de meus irmãos mais velhos que já estavam aqui residindo, cada um com seus cônjuges, filhos e casa própria na Zona Norte da capital, mais precisamente no tão cantado bairro do Jaçanã.

Recém-chegados de Lavras, fomos morar em uma casa que papai alugou na rua Tanque Velho — e depois nos mudamos para a rua da Alegria. Fomos tentando nos organizar, começando a vislumbrar a conquista de novos espaços e planejando melhores estratégias para a inserção no novo contexto. Menino curioso que sempre fui, logo enxerguei no quintal da casa em frente à minha a primeira oportunidade de "monetizar" o meu trabalho: na colheita do café, para a qual era convocado a colaborar com os outros meninos da rua.

Outra providência imediata na mudança para a nova cidade foi matricular as crianças na escola. Os pequenos foram para o colégio público na Vila Galvão; eu fui matriculado no segundo ano.

Na volta para casa depois do primeiro dia de aula, quase que não podia me conter de tanta vontade de compartilhar com minha mãe a alegre surpresa que tive. Adentrando a casa aos saltos e aos gritos, fui encontrá-la na cozinha: "Mãe, mãe, a professora é preta!!!". Desdêmona era o nome dela, fisicamente diferente da que Otelo, o mouro de Veneza, desposara, pois a tez da jovem professora reluzia em intensa melanina, o que me enchia de orgulho.

O ano seguinte fez nascer nos brasileiros a esperança da primeira vitória na Copa do Mundo de Futebol, e isso marcou um momento inesquecível em minha memória, quando acompanhava os jogos pelo rádio. Ver Pelé aos 17 anos arrebentando e aumentando a nossa autoestima foi sensacional, pois não conhecia nenhum homem negro que tivera sido recepcionado daquela maneira em lugar algum. Lembro-me dele recebendo como prêmio um Romi-Isetta, um carrinho minúsculo de dois lugares cujo volante era grudado à porta, uma novidade daquele ano!

Por aquela época, tomado ainda pela felicidade da vitória do Brasil na Copa do Mundo de 1958, minha criatividade empreendedora de menino me levou a mais uma investida no ramo comercial: aos 10 anos de idade, montei meu primeiro empreendimento no quintal de casa. Acumulava objetos que vendia para o ferro-velho, como latas de óleo, de leite, garrafas, vidros, ossos, arames de cobre, peças velhas de alumínio, etc. Com o tempo, a quantidade era tanta que o homem do ferro-velho ia buscar em casa e me dava um pedaço de papel sujo com o valor do material retirado para eu receber o depósito no dia seguinte.

A inventividade empreendedora, isto é, a percepção da dotação de um talento a ser transformado em negócio, é uma solução para os problemas emergenciais materiais que as famílias numerosas que arriscam sair de suas cidades menores para uma cidade grande experienciam — sobretudo as famílias negras que habilmente tiveram de se reinventar imediatamente ao pós-abolição, transformando velhos saberes e recentes aprendizados em negócio para a sobrevivência de seus membros. E isso não foi diferente em minha família.

Essa habilidade para os negócios é herdada do sr. Waldemar, meu pai. Lembro, com orgulho e satisfação, o que fazia com o montante que ganhava com meu empreendimento de sucatas: passava na padaria, comprava o filão de pão, manteiga, leite Vigor na garrafa de vidro, e o que sobrava já entregava à minha mãe para a feira da semana.

As mulheres da família, por aqueles tempos, se ocupavam com os cuidados nas casas em que trabalhavam. Minha mãe ajudava minha tia, que trabalhava no bairro dos Jardins como governanta, às vezes passando roupa, outras, na faxina. Meus irmãos também sempre ajudavam.

Tudo o que se segue a essa fase da estadia da família em São Paulo se resume a tentativas frustradas de adaptação. Da vida próspera e confortável que desfrutávamos na cidade de Lavras para as experiências vivenciadas na cidade grande, quase nada vingou. Logo um abatimento no semblante de meu pai não escondia sua contrariedade, e por aquele ano começou a adoecer. Uma infecção contraída em uma das pernas abriu uma ferida — provavelmente uma erisipela não identificada nem combatida com os medicamentos adequados —, o que o impediu de trabalhar para nos manter em São Paulo.

Não restavam opções a não ser o retorno de nossa família para Minas. Imediatamente, tudo foi arranjado, e não lembro bem como se comunicavam para que essa mudança se organizasse tão rapidamente, pois quando viemos para São Paulo, nossa casa em Lavras ficou alugada; mas quando retornamos, já estava tudo pronto para nos receber. Suspeito que essa comunicação tenha se dado por cartas enviadas aos meus tios, já que as viagens eram feitas de trem; não havia ônibus de Lavras para São Paulo naquele tempo; e sei que havia avião, da companhia PanAir, porque minhas tias viajaram algumas vezes no início dos anos 1960, mas era caríssimo!

Por mais que as dificuldades de adaptação em São Paulo tenham impedido que minha família se fixasse, as experiências por mim vividas só estimularam minha veia empreendedora — o termo sequer ainda havia caído no gosto linguístico popular, mas o conceito havia sido facilmente assimilado. Assim que retornamos, já quis colocar logo em prática meu *know-how* aperfeiçoado na capital paulista.

No mesmo dia em que chegamos de volta a Lavras, fui até o porão da casa e vi um monte de garrafas, e como ali perto de casa havia um bar que as compraria, juntei um monte delas para a realização do "negócio". Quando ia saindo, porém, fui barrado por meu tio-padrinho Jair, que deu a maior bronca ao me ouvir dizer que estava indo vendê-las. Na verdade, a preocupação dele era de que os vizinhos poderiam pensar que estávamos passando necessidades, pois tínhamos acabado de chegar de São Paulo, e imediatamente me ordenou que retornasse as garrafas ao porão.

Os temores e preocupações do tio Jair pareciam tão-somente antecipar um período sombrio de fatos. Passado pouco tempo, o estado de saúde do meu pai piorou, e iniciou-se aí meu forçado amadurecimento, em que todas as responsabilidades me foram exigidas antes mesmo que eu tivesse permissão de usar calças compridas.

Depois de um período internado no Hospital Vaz Monteiro — na época, o único na cidade —, meu pai faleceu. Até hoje, quando lembro, sinto no fundo da alma, pois não nos levaram para nos despedir dele no velório que aconteceu no próprio hospital, nem no sepultamento. Meus tios, por parte de pai e mãe, cuidaram de tudo.

Como não vi meu pai morto, por muito tempo era como se esperasse por sua volta.

Como acontece com os casais que se amam e vão envelhecendo juntos, quando um se vai, o(a) outro(a) outra não demora muito a partir. Foi o que aconteceu com minha mãe, que, a partir desse fato devastador na vida da família, pouco tempo depois ficou doente e acamada, com problemas cardíacos e depressão, ao sentir-se sozinha com cinco filhos pequenos para cuidar.

Minha mãe passou a depender da ajuda das minhas tias, que não deixaram faltar nada, inclusive providenciando e provendo as despesas da contratação de uma pessoa para realizar o trabalho de casa que ela já não conseguia fazer, enquanto meus tios ajudavam a cuidar da gente.

Na véspera da celebração do nascimento do menino Jesus do ano de 1961, mamãe veio a falecer. Acho que Maria, mãe de Jesus, estava precisando de uma ajudante e levou minha mãezinha. Foi o Natal mais triste de nossa vida.

No dia seguinte, os vizinhos chegavam com brinquedos, bolas e carrinhos — daqueles de madeira que eram feitos pelos presos da cidade. Meu irmão caçula, Osmar, com apenas 5 anos, sem entender o que se passava, alegrava-se com cada presente ofertado.

Lembro-me bem de quando nos levaram para nos despedir de nossa mãe pela última vez. O enterro saiu e não o acompanhamos; decidiram que era melhor a gente ficar em casa com os mais velhos, que estavam fazendo a limpeza, pois o velório aconteceu na sala de nossa casa — era costume da época — e tinham de tirar o cheiro de velas e flores que ficou impregnado no ambiente.

Naquele instante, coloquei-me de joelhos e, com todas as minhas forças, pedi a Deus que consolasse a mim e aos meus irmãos. Depois daquela oração, senti um conforto, uma tranquilidade, que acredito ter sido Deus ouvindo minhas preces e me consolando naquele momento.

Essas lembranças do menino que subitamente perdeu o pai e a mãe tão precocemente e sentiu-se responsável pelos irmãos pequenos vão traçando o perfil da pessoa que viria a me tornar: um homem empático às aflições decorrentes desses reveses da vida que surpreendem até mesmo os mais fortes.

Passada a missa de sétimo dia, começaram a tratar da distribuição dos filhos, quem fica com quem: quem vai para São Paulo com as tias, quem fica em Lavras com os tios.

Esse episódio que aconteceu comigo e meus irmãos foi definidor para os nossos destinos, porque, mesmo tendo podido contar com o apoio e a solidariedade da família, fomos separados fisicamente. E, embora não tivéssemos nos distanciado por longos períodos, os episódios de perdas e separações marcaram de alguma maneira cada um de nós para sempre.

Ficou estabelecido, então, que as meninas Maria Dirce e Aurisbela viriam para São Paulo; os meninos Ailton, Nilton e Osmar ficariam com os tios em Minas Gerais. Como critério de "distribuição", ficou assim combinado: Ailton, um ano mais velho do que eu, viveria com o tio Nelson, o tintureiro. Osmar, o caçulinha, iria para o tio Jair, casado havia pouco tempo, mas ainda sem filhos. Eu, Nilton, ficaria com o tio Décio, sapateiro, músico da banda local, excelente trombonista, mas muito bravo. Diziam que eu era muito "levado" e muito independente, que precisava de uma criação "mais rígida", e que ele daria um jeito em mim. Literalmente, comi o pão que o diabo amassou nessa convivência.

Uma memória de infância desses dias sombrios, em que a ausência da minha mãe provocava dor lancinante, emerge das minhas mais remotas lembranças: um episódio que se passou na data comemorativa do Dia das Mães imediatamente seguinte ao último ano em que celebrei em companhia de minha rainha.

No ano anterior, eu havia comprado um presente para minha mãe em homenagem à data — que para mim seria todo dia —: uma caneca com a inscrição em dourado "Querida Mamãe". Tirei o mimo de uma linda cristaleira que ainda estava em nossa casa, fiz uma embalagem para presente bem bonita e a coloquei junto à minha pequena bagagem para presentear a mulher de meu tio, que, daquele dia em diante, disseram-me, seria, sob minhas suspeitas, "minha mãe".

A minha inocência infantojuvenil queria agradá-la, e por isso levei comigo a caneca com muito carinho, pensando que ela ficaria muito feliz e desejando que ela me aceitasse como filho. Assim que cheguei à casa em que passaria a morar, entreguei-lhe a embalagem com a canequinha — o presente na forma de ingresso ao novo coração materno. Quanta decepção!

Ela abriu o pacotinho feito carinhosamente por mim, olhou-o fixamente e, sem esboçar reação, colocou-o no armário que parecia abandonado num canto da sala. Ali, naquele gesto, estava selada a minha sina. Tudo o que veio a seguir até minha saída definitiva daquela casa, com exceção das brincadeiras com os primos e primas, tudo era tristeza e sofrimento no meu peito de menino.

Ainda naquele mesmo dia, mais tarde, meus primos começaram a colocar água para esquentar em uma chaleira de ferro no fogão à lenha para tomar banho de bacia. Uma semana antes, eu tomava banho em banheira com água quente vinda diretamente do fogão por meio de uma serpentina que a mantinha aquecida pela maior parte do tempo, então aquilo me chocou ainda mais, mas fiquei calado.

Contudo, o pior ainda estava por vir: quando chegou a vez do meu banho, minha tia me explicou como funcionava e saiu para colocar a água para esquentar. Enquanto a água aquecia, ela retornou e se aproximou de mim, banhando-me com uma garrafa de álcool, dizendo que era para me desinfetar em razão da causa da morte da minha mãe. Um absurdo!!! Todos sabiam que ela falecera por problemas cardíacos devido à elevação e ao descontrole da pressão arterial advinda dos sofrimentos, dissabores e dificuldades da vida após a morte de meu pai, o que a fez cair em profunda tristeza — que hoje sabemos se tratar de depressão.

Naquele momento não falei nada, só senti. Ainda estava muito atordoado com tudo o que estava acontecendo, com minha orfandade tão rápida. Sei dizer que os sentimentos foram crescendo e se misturando dentro de mim de um jeito que me deixou emocionalmente abalado; o que era facilmente percebido pelo meu comportamento dali em diante: passei a ficar medroso e a urinar no colchão de palha no qual dormia, posicionado no chão batido da sala. Pela manhã, minha tia colocava no sol para secar, e os vizinhos zombavam de mim, o que, se fosse hoje, seria tratado como *bullying*.

Por essa ocasião, passei a frequentar a missa diariamente no horário das seis horas da manhã na Igreja Matriz. Era uma sensação maravilhosa que há muito não experimentava; um refrigério para a minha alma inquieta e força para suportar aquela situação. Cada um naquele lugar tinha uma obrigação: a minha era encher uma lata de vinte litros para carregar um tambor de duzentos litros de água, caminhando por dez minutos da casa à bica e mais dez da bica de volta à casa. Esta era a minha rotina depois de acordar toda manhã bem cedinho e engolir um pedaço de pão ou bolo de fubá com café.

Por essa mesma época, eu estudava no período da manhã no curso ginasial no Colégio Nossa Senhora Aparecida. Quando acordava atrasado para a aula e não realizava minha obrigação de abastecer o tambor, eu não almoçava, mas meu almoço era separado numa espécie de marmita, que era uma lata vazia de cera — lembro até a marca e a embalagem do produto, Cera Parquetina, aquela com a cara do palhacinho. Ali era deixada a minha comida para o jantar e, se não comesse, lá ficava por alguns dias. Após a aula, ia direto para a sapataria, onde trabalhava com meu tio.

Minha vida de menino seguia por aqueles tempos sem muitas novidades, ou melhor, sem nada que já não fosse para mim previsível no cotidiano do contexto familiar em que fui inserido. Mas como a vida se move com mais personagens e enredos, a escola foi retirando de mim o peso das ausências e me preenchendo com novas lições. Pois, como nos lembra Guimarães Rosa, quando nada parece acontecer, há um mistério se formando. E assim se deu.

Por meio do professor Louzada, que conheci no Colégio Aparecida e para quem, nas minhas horas vagas, prestava serviços de lavagem de seu automóvel — além de acompanhá-lo nos jogos de tênis como apanhador das bolas na quadra —, descobri que o já conhecido Instituto Americano Gamon estava concedendo bolsas de estudo de 70% para os estudantes que fossem apresentados por algum professor da instituição. Foi assim que ele, que também lecionava lá, me indicou.

Neste colégio permaneci por pouco tempo, pois logo soube por um amigo, com quem sempre retornava de bonde para casa após as aulas, que estavam abertas as inscrições para ingressar no Colégio Estadual de Lavras, que seria inaugurado por aqueles dias. A iminente mudança de status, caso me transferisse do colégio americano para o estadual, me deixava inseguro, além da dúvida sobre minha competência para o exame quando me comparava a meu primo, que eu considerava melhor aluno. Mas quando pensava tanto no colega filho de advogado, considerado por mim "rico", que iria se inscrever, quanto na gratuidade do colégio, não tinha mais dúvidas: me inscrevi e realizei as provas.

Quando finalmente saiu o resultado e fomos olhar a lista dos aprovados, minha expectativa era enorme. Os nomes em ordem alfabética só faziam aumentar meu nervosismo:

Celso — Reprovado

Claudio — Reprovado

[...]

Nilton — APROVADO

Quase não podia acreditar como aquilo havia acontecido. Refiz as contas várias vezes até eu mesmo me convencer: a média de aprovação era 5,0, e eu tive 5,0 de média, nota que foi assim composta: 2,0 em matemática e 8,0 em português, total 10,0, dividido por dois: 5,0, APROVADO!!!

O teste de português consistia numa redação que pedia para narrar o acontecimento mais triste da vida. Não precisei pensar muito. Deixei meu coração falar e escrevi sobre a morte de minha mãe na véspera de Natal. Lembro como se fosse hoje da reação da professora que aplicou a prova.

Após a divulgação do resultado, a Profa. Carol Brasileiro me convidou para ir à sua casa e conversou muito comigo, dizendo que iria me ajudar e que eu poderia contar com ela no que precisasse, pois havia se sensibilizado muito com o conteúdo da minha redação. Não me lembro mais dos detalhes da escrita, gostaria muito de ter tido uma cópia dessa redação, pois a escrevi com a alma, enquanto sentia a luz da minha mãe irradiando sobre mim, pois ela queria muito que a gente estudasse.

Ajeitado um lado, precisava cuidar do outro. E foi pensando no cenário indigesto das refeições, ou melhor, das sobras delas e da dificuldade de chegarem a mim, que foi chegada a hora, em minha mente inquieta, de os conhecimentos de empreendedorismo se transformarem em práticas de ganhos adicionais, uma vez que o total da receita proveniente do meu trabalho na sapataria não era suficiente para minhas despesas.

Foi tentando pensar em uma estratégia de negócio que, olhando para a frente, mirei a enorme plantação de chuchu que espontaneamente brotava e se espalhava, cobrindo o terreno da sogra de meu tio. E ali nascia em minha mente de jovem rapaz um próspero plano de negócios no ramo de hortifrúti.

Decidi que iria fornecer chuchu para os dois maiores restaurantes da cidade. Conversei com a cozinheira de um deles, que, sensibilizada com a minha história, facilmente se convenceu a também convencer o proprietário a aceitar o produto desse novo fornecedor, na condição dada por mim de receber em duas partes: uma em P.F. (prato feito) e a outra, de menor valor, em espécie — esta gasta por mim ao longo dos dias em vitamina de abacate com leite, pão de queijo e bolo (meu cardápio de lanche preferido até os dias de hoje) na única casa especializada em sucos e vitaminas da cidade à época, servidos pelo Pulguinha, um rapazinho ágil, do tipo faz-tudo do estabelecimento.

Também havia as idas à casa do meu amigo, que era filho de professora, para estudarmos juntos. Nessas ocasiões, a depender da dificuldade da lição, já ficava para almoçar e às vezes até para jantar.

Foram estas as saídas criativas que busquei para me proteger daquela humilhante e violenta situação em que me encontrava. A mente ocupada com o business (os meus "empreendimentos") e com o networking (a minha "rede de relacionamentos") amenizava, por aqueles tempos, as agruras da vida solitária e me ajudava a não perceber a demora na passagem do tempo.

A certa altura, estava para completar 17 anos, e, não suportando mais aquela situação, uma ideia começou a martelar minha cabeça. Com os dias, da ideia nascia um plano. E passei a colocar em ação a primeira parte dele.

Fui à casa da minha tia Virgínia, irmã do meu pai que já tinha um casal de filhos. Conversei com ela, perguntando se poderia ir morar lá com eles, sob a alegação de que não estava mais me sentindo bem na casa do tio Décio. Prontamente, ela disse que podia, sim, mas que eu precisaria conversar com meu tio. Foi então que arquitetei um plano para sair daquela situação: inventei uma tuberculose, doença muito grave e estigmatizante naqueles tempos.

Assim, comecei a tossir forte e insistentemente, sobretudo quando estava perto da mulher do meu tio. Uma manhã, acordei cedo e dei com ela na cozinha com as expressões visivelmente contraídas de preocupação. Aproveitei a oportunidade para dizer que precisava de tratamento para minha tuberculose e que estava preocupado com a possibilidade de poder infectá-los, e que minha tia Virgínia estava disposta a cuidar de mim, desde que eles me permitissem mudar para lá. Para minha alegria, fui imediatamente autorizado.

Naquele mesmo dia, saí à procura do sr. Sabino, um homem com aparência de mais velho do que de fato era, talvez pelo tempo em que vivia entregue ao vício da bebida, mas era dessas pessoas generosas e pau pra toda obra, sempre disposto a ajudar, principalmente para assuntos relacionados ao transporte de pequenas mudanças. Imediatamente fomos apanhar minha pequena mala, que sempre esteve semipronta, e mais algumas coisinhas. Fomos cortando caminho entre trilhas e pastos. Nos anos 1960, a cidade parecia ser muito pequena e não crescia por aqueles lados.

Quando cheguei à casa de tia Virgínia, fui logo instalado num pequeno quarto que dividiria com meu primo. Na hora do jantar, fiz meu prato educadamente, mas com a euforia da mudança e a novidade de um tempero novo, tive vontade de repetir o prato. Fiz menção de fazê-lo, mas uma voz cravou em meu ouvido a seguinte frase: "Olhe para trás!". Recebi com normalidade, mesmo porque não captei de imediato o sentido dela. Mais tarde, entendi que ela quis dizer que ainda havia gente para comer. Entendi também que não deveria deixar de negociar meus chuchus e permutar com os restaurantes, o que ampliaria o volume e possibilitaria ajudar mais minha tia.

Por esse tempo, aliás, os negócios corriam muito bem. Já até acumulava funções, ora como servente de pedreiro, ora como "guarda-sacola" dos banhistas que utilizavam as piscinas e os espaços esportivos da Praça de Esporte local. A cidade tinha um grande time de basquete, que chegou a ser oito vezes consecutivas campeão mineiro, bem como um elenco de grandes atletas em várias modalidades. Nas horas de folga, eu até me arriscava nos quatrocentos e oitocentos metros; o técnico dizia que eu levava jeito para atletismo, mas eu não era dedicado nem focado. Deixei a oportunidade para outros.

No inverno, não havia movimento nas piscinas, e o administrador da Praça de Esporte era também administrador da Rádio Cultura, que naquele momento estava precisando de um funcionário para trabalhar na limpeza da emissora. Conversamos sobre os ajustes a serem feitos, e logo fui transferido para lá. Começava para mim um novo episódio que marcaria minha vida desde que perdi meus pais e fui separado dos irmãos.

Pisar nos estúdios, adentrar a área técnica e poder ver como tudo funcionava foi para mim ingressar num admirável mundo novo. Eu diria que foi amor à primeira vista. O locutor mais ouvido, Orlando José — de grande voz, cabelos pretos e longos e com traços indígenas —, de imediato me adotou, e com seu apoio, todos logo se tornaram meus amigos.

Nas horas vagas, eu permanecia por ali; em pouco tempo, aprendi a operar a mesa de som que era até bem simples, com poucos recursos, mas até então completamente estranha para mim. A transmissão era feita através de linha, ou seja, por um cabo que ia da rádio até um transmissor que ficava no bairro mais alto da cidade Nova Lavras, que ficava a uns três ou quatro quilômetros dos estúdios.

Foi assim que me tornei operador de som, trabalhei nos melhores programas e, num curto espaço de tempo, acumulei funções de discotecário e programador, colocando no ar os maiores sucessos da época.

2.

DE LAVRAS PARA SÃO PAULO: O TRABALHO EM FAMÍLIA

Lava roupa todo dia/ Que agonia/ Na quebrada da soleira/ Que chovia...

("Juventude transviada", Luiz Melodia, 1973)

APROXIMAVA-SE A MAIORIDADE e com ela as dúvidas sobre a inevitável tomada de decisões que cerca os jovens em resposta à tão comum pergunta de que os adultos não poupam em fazer aos adolescentes: "O que você vai ser quando crescer?". Um misto de medo, ansiedade, coragem e euforia com frequência me arrebatava, já que sentia se aproximar o dia da partida de Lavras para a Terra da Garoa, tendo de deixar para trás tantas lembranças, afetos e emoções.

Ainda na rádio, completei 18 anos e me alistei para o serviço militar na minha região, Tiro de Guerra. Como não tinha espaço para todos os alistados, era comum que o sargento perguntasse ao candidato se era seu desejo servir, e eu prontamente disse que não, pois a essa altura já não existia mais dúvidas sobre partir de Lavras para tentar a vida em São Paulo e ficar mais perto dos meus irmãos, que já moravam aqui, e prosperar na profissão de radialista. Era 1965, plena ditadura militar no país.

Depois de ter sido dispensado do serviço militar em Lavras, passei a mão nas poucas coisas que tinha, mal ajeitei tudo numa mala de couro malcheirosa, juntei os documentos pessoais, certidão de nascimento e carteira de reservista, algumas poucas e usadas peças de roupas, um par de sapatos surrados e muita esperança e fé no coração. Com isso, subi na boleia do caminhão que fazia o transporte de Lavras para São Paulo e vim à procura dos meus sonhos, contando com o apoio dos meus irmãos mais velhos por parte de pai que já moravam na Zona Norte de São Paulo, mais precisamente no bairro do Jaçanã. Eles já tinham casa própria e passavam algumas dificuldades, mas tinham certo conforto — mesa farta, muitas festas regadas a boa música, caipirinha e cerveja geladas.

Todos trabalhavam duro, levantavam cedo e pegavam a marmita que, para não abrir durante a viagem de ônibus do Jaçanã até o centro da cidade, onde trabalhavam, era amarrada com aquela borracha preta feita com câmara de ar de bicicleta.

Minha irmã, na casa onde eu morava, lavava roupas para as famílias ali da rua Paula Souza; lembro que era por dúzia. No terceiro dia em que estava em sua casa, já me preparando para tirar a carteira profissional, exame de saúde e carteira de identidade — ou seja, enquanto me preparava para arranjar uma colocação de trabalho —, ia com ela buscar e entregar roupas, aquelas enormes trouxas de roupas que trazíamos e levávamos de ônibus. Para mim, encantado que estava com a cidade e com tudo o que ela me mostrava nesse trajeto, vivia um sonho. Tudo aumentava ainda mais minha curiosidade, e as ideias só cresciam na minha mente — sem falar no quanto eu me divertia "passeando" de ônibus.

Mas o bom mesmo era que havia muita fartura na casa dela, e eu gostava muito de ir com ela fazer as compras na Cooperativa da Companhia Municipal de Transportes Coletivos (CMTC), da qual meu cunhado era funcionário. Aliás, nesse período em que ficava em casa, procurava ajudar no que e como podia: passava os lençóis, as fronhas e as toalhas em grande quantidade. Minha irmã era bastante exigente e fiscalizava peça por peça, e eu enquanto isso ouvia atentamente o rádio. Era fã do programa *Telefone Pedindo Bis* da Rádio Bandeirantes, de cujo apresentador Enzo de Almeida Passos me tornei amigo anos depois.

Por esse tempo, havia em casa muitos LPs de cantores nacionais e internacionais. O gênero musical preferido era samba rock, e o topo das paradas era o LP *Esquema novo,* de Jorge Ben. Tudo isto aumentava também meu interesse pela profissão de radialista. Quando havia festa, a casa virava uma grande discoteca. E o disco do Roberto Carlos era sempre o momento aguardado, já que lançava anualmente seu LP à época do Natal.

Naquele ano, na festa de Natal em que estava a família toda reunida na casa da minha irmã Dulce, lembro que a música mais tocada do Rei era "Quero que vá tudo para o inferno", e de repente começou a cair uma chuva torrencial. Como a casa ficava no final da rua, formou-se uma grande enxurrada que entrava pela sala, passando pelo corredor e inundando tudo. Foi um verdadeiro horror. Meu cunhado, que não curtia nada aquela música, como a maioria dos mais velhos, passou a dizer que aquela tempestade repentina era por conta da mensagem passada pela música, e nos proibiu severamente de continuarmos a tocar e cantar a música. A festa, então, continuou ao som do recém-lançado trabalho *Samba esquema novo*, do Babulina, como era chamado Jorge Ben àquela época, cuja música que caíra no gosto da moçada era "Mas que nada". E foi nesse *hit* que a limpeza da casa aconteceu, sem que a alegria do Natal fosse interrompida; afinal, ainda haveria a festa do Réveillon!!

Na semana seguinte, começaram os preparativos para a sempre aguardada festa do Ano-Novo, com o tão pensado cardápio da ceia. Todos participavam trazendo o que de melhor sabiam fazer no quesito culinária. Meu cunhado tinha convidado um amigo *chef* de cozinha no Jockey Club Paulista, e ele se prontificou em colaborar com um prato sobre o qual fez certo suspense. À noite, eis que chegou com uma iguaria que nunca havíamos visto, nem comido, somente ouvido falar, o tão famoso caviar — mas que entre nós, para decepção do convidado, não fizera sucesso algum. O que salvou foi o peru, o leitão, a farofa, entre outros; pois, em nossa família, os itens da festa já eram os tão aclamados pratos de especiaria mineira, cuidadosamente apresentados em qualidade e quantidade, não somente para os familiares, como para os amigos, agregados e quem mais viesse. Segue assim até hoje.

3.

PRIMEIRO TRABALHO EM SÃO PAULO

Eu vim de lá, eu vim de lá pequeninho/ Mas eu vim de lá pequenininho/ Alguém me avisou pra pisar nesse chão devagarinho...

("Alguém me avisou", Dona Ivone Lara, 1980)

PASSADOS OS FESTEJOS DE FINAL DE ANO, estava imbuído do forte desejo de cumprir os votos da canção que marcara a passagem de 1966 para 1967: "Adeus ano velho, feliz ano novo/ Que tudo se realize/ no ano que vai nascer. / Muito dinheiro no bolso, / saúde pra dar e vender". Não diferentemente dos brasileiros esperançosos, segui em busca da realização de meus planos.

Minha tia Júlia trabalhava como copeira na empresa Sodraga, localizada à época na av. Ipiranga, 104, no centro da cidade de São Paulo. Meu tio Erasmo, que chamávamos carinhosamente de Erasmo Carlos, também trabalhava lá como faxineiro, o que facilitou a conquista do meu primeiro emprego formal em São Paulo, status muito importante para qualquer trabalhador: carteira assinada!!

E assim comecei a trabalhar como *office-boy*. No meu primeiro dia de trabalho, um gerente me perguntou se eu conhecia bem a cidade e os bancos; ao que eu prontamente disse que sim, sabia! Tendo convencido o chefe, logo tive a primeira tarefa: disseram que eu deveria efetuar alguns pagamentos no Banco Brasileiro de Descontos, o conhecido Bradesco. Eufórico, tudo para mim era novidade. Tomei o elevador com a pastinha cheia de papéis que me foi entregue e, logo em frente ao prédio, perguntei ao jornaleiro da banca como fazia para chegar até a rua Boa Vista. Ele me explicou: "Esta rua aqui é a Consolação, vai até o final que você vai ver o Mappin, vire à direita no viaduto do Chá, segue até o final que você vai chegar na rua Boa Vista". Para minha sorte, naquele dia, só me mandaram para aquela região.

Em pouco tempo, parecia um ratinho andando pelo centro e cortando caminho pelas galerias. Eu era muito rápido: quando pensavam que estava indo, já estava de volta, o que não me fazia ser bem-visto pelos outros *office-boys*, mas não podia desapontar minha tia e meu tio que trabalhavam lá e me arrumaram o emprego.

Quando fiz um ano de casa, para minha surpresa, me deram férias, o que nunca havia acontecido comigo. Aproveitei para descansar em Lavras. Na volta, fui promovido a auxiliar de escritório B, ou seja, em geral seria batedor de carimbo e, quando não tivesse *boy*, sairia para os bancos ou para entregar qualquer encomenda ou até mesmo comprar meias para as secretárias. E tudo bem!

Um dia, mais exatamente uma sexta-feira, me solicitaram ir a um banco sacar uma quantia para um diretor que viajaria naquele final de semana. Saí para a rua a fim de cumprir o que me fora designado. Desci a Consolação e segui meu destino, rumo ao banco. Saquei a quantia solicitada e vinha responsavelmente chegando de volta à empresa, quando, passando em frente ao Teatro Record, onde era gravado o programa do Simonal, vi a cantora Rosa Maria entrando ali. Não tive dúvidas: pedi a ela um autógrafo na minha carteirinha de identificação profissional. Entrei no teatro, assisti durante um longo tempo à gravação e, a certa altura, lembrei-me do trabalho e decidi sair. Quando cheguei ao escritório com o dinheiro que o diretor estava esperando para viajar para a sua fazenda em Pindamonhangaba, todos estavam muito bravos me aguardando, pois eu havia demorado muito e só me enviaram porque eu era o mais rápido de todos. Diante da bronca, eu não esbocei reação; sabia que estava errado, mas quando pensava no show e no autógrafo, meu pensamento e coração eram só alegria. E assim passei o final de semana.

Na segunda-feira, quando cheguei para trabalhar, logo me mandaram passar no departamento pessoal. Batata: fui despedido. Aquele momento foi horrível, mas foi o pontapé inicial para correr atrás do meu propósito que era trabalhar no rádio.

4.

DO JAÇANÃ PARA A PENSÃO NO BIXIGA

Moro em Jaçanã/ Se eu perder esse trem/ que sai agora às onze horas/ só amanhã de manhã.

("Trem das onze", Adoniran Barbosa, 1964)

COM O POUCO DINHEIRO RECEBIDO DA RESCISÃO na Sodraga e ainda sem um novo trabalho certo, saí da casa de minha irmã no Jaçanã e fui morar numa pensão na rua Jaceguai, no bairro da Bela Vista, tipo de hospedagem comum aos rapazes que chegavam à cidade sem parentes ou conhecidos. Seria a minha primeira vez que iria conviver fora do aconchego familiar.

Estava acostumado a ter pessoas à minha volta que se encarregavam das pequenas preocupações domésticas cotidianas, e, como recém-chegado da pensão, passei por uma situação um tanto constrangedora, da qual me livrei, apesar dos apuros, mas que me acompanhou ao longo do tempo como uma lembrança afetiva importante sobre os cuidados domésticos.

Após ser instalado num quartinho simples, que passaria a dividir com um colega até então desconhecido, desfiz a pequena mala com os pertences e desejei tomar um banho. Peguei a muda de roupa, fechei a porta do meu quarto e me dirigi ao final do corredor, onde fui dar numa porta alta com uma placa de "Banheiro". Trouxera comigo da casa de minha tia uma pequena saboneteira plástica ainda com um pedaço de sabonete de cheiro forte de soda. Após o banho, que deixara enfumaçado o mofado e frio banheiro, e enquanto meus pensamentos se remexiam dentro de mim, não tive dúvidas: passei a mão na única toalha de aparência envelhecida e pequena que vi pendurada no cabideiro igualmente rústico e carcomido.

Aquela peça passou a ser o motivo dos mais horríveis insultos desferidos contra mim, quando seu dono, um senhor de meia-idade e cheio de manias — e que já era morador da pensão há algum tempo —, soube que havia me enxugado nela. O vozerio despertou logo a atenção da dona da pensão, que rapidamente apareceu para saber o que estava ocorrendo no corredor, quando ouviu o teor da conversa e o meu nervoso pedido de desculpas. A conciliadora senhora, após acalmar o irritado hóspede e convencê-lo a entrar em sua acomodação, me chamou de lado e me perguntou se eu já tinha morado antes em pensão. Então expliquei muito sem jeito que era a primeira vez que estava vivendo a experiência de morar longe da família.

Depois de me ouvir atentamente, num gesto de generosidade, a senhora me passou as orientações e os procedimentos a serem adotados para enquanto morasse ali; também me disponibilizou uma toalha, até que eu providenciasse a minha própria — o que fiz imediatamente no final de semana, quando fui à casa de uma tia que morava no bairro do Ipiranga, para quem relatei o acontecido e de quem ganhei duas lindas toalhas brancas gigantes e felpudas, que usei por vários anos e que me acompanharam por várias outras pensões por onde passei.

Por esta época, desempenhei diversas atividades de trabalho, enquanto tentava nova colocação no tão perseguido paraíso perdido, o mundo do rádio. Fui entregador de revistas e fiz bico como servente de pedreiro, comendo jabá com farinha preparado na lata com os peões da construção civil, no bairro de Santana.

Quando passavam os ônibus que iam para o Jaçanã e Tucuruvi, eu me escondia nas fundações, com receio de que meus familiares me vissem naquela situação. Até receber o primeiro pagamento da semana, eu ia a pé da Bela Vista até Santana. Com o dinheiro que recebi trabalhando como servente de pedreiro, paguei a mensalidade da pensão e comecei a procurar outras possibilidades.

Quando eu vim de Minas, trouxe comigo o contato de um senhor de nome Anísio, funcionário da Cadeia Verde e Amarela, grupo de rádios pertencentes ao Grupo Bandeirantes. Certa manhã, decidido e com o cartãozinho no bolso da japona, tomei o ônibus no Anhangabaú até o bairro do Morumbi.

Foi uma dificuldade imensa encontrar o sr. Anísio e ele se lembrar de mim. Nosso encontro foi rápido, eu preenchi uma ficha e saí de lá com uma pontinha de esperança ao ouvi-lo dizer que se acaso houvesse alguma possibilidade, ele me enviaria um telegrama. Foi gentil ao me perguntar se eu gostaria de almoçar, ao que imediatamente respondi positivamente, ganhando um vale-almoço para me servir no refeitório dos funcionários da emissora.

Ao sair de lá, já em direção ao ponto de ônibus, encontrei o cantor Carlos Gonzaga, que conheci em minha cidade quando a rádio fez promoção para a apresentação dele no cinema local. Para minha surpresa, ele me perguntou para onde eu iria, e eu respondi que estava indo para o centro da cidade. Ele então me ofereceu uma carona no seu esportivo Simca (Chambord) verde, o carro *top* do momento. Fiquei tão atrapalhado que ao entrar bati a porta com um pouco mais de força, o que o fez me perguntar com ligeira contrariedade se eu não tinha geladeira em casa, ao que respondi com um sorriso amarelo que não, pois morava em pensão. Rimos juntos e seguimos para o Anhangabaú.

5.

PRIMEIRO TRABALHO EM RÁDIO: *CARAVELA DA SAUDADE*

Escute essa canção/ Que é pra tocar no rádio/ No rádio do seu coração/ Você me sintoniza/ E a gente então se liga/ Nesta estação...

("Sintonia", Moraes Moreira, 1986)

SEGUINDO NA BUSCA DE MEU PARAÍSO PERDIDO, consegui um teste como operador de som na extinta Rádio Cometa, localizada próxima ao Mercado Municipal, em um prédio que já foi até demolido. Nesse período, a grande sensação da emissora era o Zé Bétio. Passei no teste, mas não consegui a vaga, provavelmente porque eu não conhecia ninguém lá, e colocaram outro.

Numa visita à rádio Tupi, no bairro do Sumaré, conheci por intermédio de um locutor o senhor Alberto Maria Andrade, um português que apresentava na TV Cultura o programa *Caravela da Saudade*. Ele também tinha um programa diário na Rádio Cometa e estava precisando de um técnico de som para gravar o programa em sua residência, nos Jardins, e encaminhar a fita de rolo para a Rádio Cometa, além de acompanhá-lo ao programa de TV. Acertamos os detalhes e passei a trabalhar para ele.

Foi um ótimo contato, porque passei a conhecer os profissionais da área, sempre buscando uma oportunidade. Mas, como sempre tem uma pedrinha no caminho, esta veio na forma de um operador de som, que, não gostando da ausência do sr. Alberto do estúdio de gravação — porque este sempre lhe dava um agrado financeiro —, passou a não modular profissionalmente as gravações que eu levava, o que ocasionava microfonia na transmissão do som. O incidente fez com que Alberto voltasse a fazer o programa ao vivo, mantendo-me somente como acompanhante.

Mas um dia um amigo me informou que havia uma vaga de limpador na Tupi. Para ficar mais próximo do meu projeto, nem hesitei: aceitei a vaga. Nas horas de folga, estava sempre na Rádio Tupi, que ficava ao lado da famosa Padaria Real, ponto de encontro dos amigos radialistas até hoje.

Certo tempo depois, um discotecário que trabalhava na rádio deixaria em aberto uma vaga durante o período de licença para se casar. Assim que fiquei sabendo, conversei com o gerente da discoteca, sr. Magno Salermo, que, imediatamente, expediu uma Comunicação Interna (C.I.) me solicitando para aquela função.

Assim passei a ser discotecário na Rádio Difusora, sendo logo promovido a programador musical, após passar por um teste. Foi nele que pude mostrar meus conhecimentos adquiridos em Minas Gerais, e aí as coisas começaram a melhorar.

Nesse período o salário nas Emissoras Associadas estava atrasando muito, e passei a praticamente morar na emissora. Dormia no auditório da Rádio Tupi, que ficava no terceiro andar do edifício. Em certa ocasião, preguei mais firme no sono, e pela manhã não pude me levantar, pois, quando acordei, Oswaldo Sargentelli, que apresentava um dos jornais da programação, já estava no local. Para não o assustar, permaneci bem quietinho, enrolado no pano que cobria o piano, esperando-o sair do estúdio para eu enfim ir ao banheiro. No momento, foi um tanto desconfortável devido à minha estatura, mas, passado o episódio, foi cômico me lembrar do susto que poderia ter dado no Sargentelli.

Aliás, aqueles tempos exigiram boa dose de humor para driblar as dificuldades — que não foram poucas. Dormia muitas vezes na rádio e só aparecia na pensão para trocar a roupa e dar alguma satisfação de que iria acertar o que devia quando recebesse o pagamento.

Como programador musical, passei a conhecer todo o esquema de funcionamento de divulgação dos artistas: o relacionamento com as gravadoras; os *lobbies* para execução e promoção; as cortesias e os convites para almoços, coquetéis, festas de lançamentos; a recepção aos artistas que visitavam a discoteca; enfim, todo o protocolo de atenções e ações necessário para o *show business*. Rapidamente aprendi a dominar esse universo devido a meu jeito mineiro de ser, ou como consequência das necessidades impostas por meu trabalho, que, como bom observador que sempre fui, propiciou a consolidação de bons contatos que cultivo até hoje — além, é claro, das boas amizades.

Numa sexta-feira à tarde, o cantor Jair Rodrigues chegou à discoteca com seu divulgador para mostrar um trabalho novo. Começamos a conversar e, a certa altura do papo, ele me perguntou se eu não queria ir com ele e sua equipe a um show que ele faria naquela noite em Jundiaí, na até hoje conhecida Festa da Uva. Prontamente aceitei.

Marcamos de nos encontrar às 20h no escritório de seu empresário, o sr. Corumbá, a poucos metros da emissora, no Sumaré. Fomos para o show e uma multidão o aguardava. Havia um fã que ficou bem próximo ao palco e, a cada acorde, gritava "Disparada!", pedindo pela música que fechava o espetáculo. Isto durou o tempo todo do show, e o Jair já estava se irritando, mas conseguiu segurar a onda. Na saída foi o maior tumulto, com muitos fãs querendo autógrafo. Tivemos até de sair de camburão até o carro.

E este foi meu ritual de passagem de observador de artista a divulgador artístico.

6.

DAS EMISSORAS ASSOCIADAS PARA A DIVULGAÇÃO

Quando você foi embora/ fez-se noite em meu viver/ forte eu sou, mas não tem jeito/ Hoje eu tenho que chorar, minha casa não é minha/ E nem é meu este lugar/ estou só e não resisto/ muito eu tenho pra falar...

("Travessia", Milton Nascimento e Fernando Brant, 1967)

O TRABALHO POR ESTES TEMPOS ainda não se mostrava economicamente promissor para mim. Os pagamentos continuavam atrasados, e as promoções sempre sem alteração salarial. Mas, mesmo insatisfeito, seguia à procura de novas oportunidades, com determinação, comprometimento e muita fé, enquanto o universo se movia.

Inesperadamente, eis que apareceu na discoteca um velho amigo cantor lá de Lavras. Ele tinha até chegado a gravar um disco compacto na gravadora Chantecler, mas não foi bem-sucedido, e por isso estava sendo dispensado da gravadora. Daí me procurou para ajudá-lo a ir a outra companhia. Seu nome era Altair Guimarães — e mais tarde assumiu o nome artístico de Altair Lara.

Marquei com ele e, com a ajuda de um grande amigo locutor da Rádio Cultura, João Pimentel, agendamos uma reunião na gravadora Beverly, cujo diretor era o sr. Luiz Mocarzel. Apresentei o Altair, entregamos o material, e ele ficou de dar uma resposta quanto à contratação ou não do artista.

Na saída, o sr. Mocarzel me chamou em particular e disse: "Você não quer trabalhar conosco? Somos uma gravadora nova, já fui diretor artístico na Philips, produzi Elis Regina e outros grandes nomes, estou formando um time e gostaria que você viesse somar conosco na divulgação". Eu mal podia acreditar no que estava ouvindo, quando ainda acrescentou: "Desculpe, sei que as emissoras estão atrasando muito os pagamentos do salário, mas quanto você ganha lá?". Eu disse: "X". Ele respondeu: "Te pagaremos aqui 3X, mais despesas com transporte e verba de divulgação". Aceitei na hora, começando dois dias depois.

Nessa época, Cayon Gadia era o diretor das Emissoras Associadas. Conversei com ele para me dispensar e, apesar de relutar um pouco, aceitou. Era meu amigo, morávamos juntos na mesma pensão à rua Capote Valente, e bem sabia das dificuldades por que estava passando.

7.

BEVERLY, TOP TAPE, PHILIPS/POLYGRAM, RGE/FERMATA

Quando eu estou aqui/ eu vivo esse momento lindo/ Olhando pra você e as mesmas emoções sentindo/ São tantas já vividas/ São momentos que eu não esqueci/ Detalhes de uma vida/ histórias que eu contei aqui...

("Emoções", Roberto e Erasmo Carlos, 1981)

O ANO ERA 1968. NO BRASIL E NO MUNDO, assistia-se a acontecimentos de grande efervescência social que mobilizavam grupos civis em diferentes frentes: os protestos estudantis na França; a fase mais violenta da Guerra do Vietnã; os protestos nos Estados Unidos; a morte de Martin Luther King e as inúmeras revoltas decorrentes; a Primavera de Praga, com as reformas tendentes a romper com o autoritarismo imposto pelos soviéticos; a luta armada revolucionária em curso nos países sul-americanos contra as ditaduras militares instaladas em diversos países, inclusive no Brasil; além da luta revolucionária travada no continente africano, em seu processo de descolonização.

Todo esse cenário do final dos anos 1960 e início dos 1970 também refletiu no campo das artes de maneira geral e na música de modo particular. Era o tempo da música, tempo de expressar os mais variados sentimentos no pensamento e na voz de seus compositores e intérpretes. E não fiquei imune a isso. Ao passar por diferentes gravadoras, senti e acompanhei muito de perto as transformações ocorridas.

BEVERLY

Na Beverly fiquei de 1968 a 1971. Era uma gravadora pequena, mas em seu *cast* havia nomes importantes. O primeiro artista que divulguei foi Cléo Galante, que estava lançando um compacto. Na época, ele morava em Santos e vinha quase diariamente para São Paulo para o trabalho de divulgação. Logo nos tornamos amigos e, com apoio da gravadora, alugamos um pequeno apartamento na avenida Brigadeiro Luís Antônio, para onde foi em seguida Acácio Soares Jr., que trabalhava na Rádio Tupi. Moravam neste apartamento também Wando, Ângelo Máximo e Celso Ricardi, todos bem-sucedidos e com carreiras alavancadas enquanto moravam ali, tornando-se grandes sucessos.

A gravadora foi se destacando, crescendo e dando oportunidade a vários artistas, como Os Carbonos, Gilbert, Nalva Aguiar, Djalma Pires, Luís Fabiano, e Paulo Sérgio e Wando, com seu primeiro compacto *Maria, Maria*. Os Carbonos foi um grupo de excelentes músicos que participavam das gravações de todo o *cast*, dirigidos pelo Sr. Waldemiro Lemke, um gênio. Com esse time, Mocarzel contratou o cantor Tommy Standem, que gravou com o nome de Terry Winter seu grande sucesso "Summer Holiday". Também foi a primeira a gravar artistas brasileiros com nome artístico em inglês e que cantavam também em inglês. Foram vários os sucessos, como Morris Albert, cuja canção "Feelings" foi também outro sucesso mundial.

O presidente da empresa, sr. Adiel Macedo de Carvalho, tinha no centro da cidade uma rede de lojas de discos, o que foi fundamental para o crescimento da gravadora. Geralmente, à noite, nós nos reuníamos na praça Marechal, onde moravam os músicos de Os Carbonos e também a cantora mineira Nalva Aguiar. O apartamento dela era o ponto de encontro, para onde íamos quase sempre na hora do jantar, e lá éramos recebidos por sua mãe, uma primorosa cozinheira, que servia sempre com bom gosto e fartura.

Trabalhei na Beverly por aproximadamente três anos, o que para mim foi uma excelente escola de divulgação e aprendizado para oportunidades maiores no meio fonográfico.

Nessa gravadora, trabalhei o artista Rolando Boldrin, que venceu um festival na Tupi com a música "Brasil poeira". Na época, fazíamos divulgação em Santos, Campinas e toda a região de Santo André, São Bernardo e São Caetano

(ABC paulista), por onde percorríamos com seu Karmann--Ghia branco.

Lançamos também o compacto dos Novos Baianos, com Pepeu Gomes e seus companheiros de banda.

OUTROS NOMES LANÇADOS NA BEVERLY:

Ângelo Máximo
Cléo Galante
Conjunto Brasil 70
Dino Meira
Djalma Pires
Elias Lima
Gilbert
Leila Silva
Luísa Maura
Luís Fabiano
Mauro Sérgio
Nalva Aguiar
Os Carbonos
Novos Baianos (Pepeu Gomes e os irmãos)
Rolando Boldrin
Terry Winter
Wando
Waldir Floriano (cover do Waldick Soriano)

TOP TAPE

Da Beverly fui para a Top Tape, uma gravadora carioca que tinha como carro-chefe o contrato com a Liga das Escolas de Samba do Rio de Janeiro (Liesa). Logo, ela era detentora dos direitos artísticos e gravações dos sambas-enredos, que, na época, vendiam muito e mantinham o faturamento da gravadora.

Fazia parte do catálogo dela também um importante acervo internacional, como "Rock and Roll Lullaby", grande sucesso de B.J. Thomas; o lançamento "He/ I Believe", de Cissy Houston, mãe de Whitney Houston; além The Stylistics e Majority One. Muitas dessas músicas foram temas de novelas, o que as transformavam rapidamente em sucesso de execução e vendas, perdurando por muito tempo, pois tornavam-se *flashbacks*, e suas execuções atravessavam gerações; o que já não existe mais nos dias de hoje, devido ao grande volume de lançamentos e à rapidez no consumo do produto musical, fazendo com que as músicas consumidas hoje tenham pouco durabilidade e sejam esquecidas rapidamente.

Foi uma passagem rápida, mas marcante, num lugar onde fiz amigos de longa data, como o supervisor de divulgação à época, meu amigo-irmão, Acácio Soares, e minha amiga Edmeia, grandes profissionais.

PHILIPS - POLYGRAM

Essa gravadora multinacional, localizada na esquina da av. Nove de Julho com a rua Estados Unidos, na cidade de São Paulo, tinha como presidente o sr. André Midani, nascido na Síria e criado na França, e considerado um dos nomes mais importantes da indústria fonográfica brasileira.

Durante minha passagem pela Philips, divulguei Hermeto Pascoal, que estava lançando "Chovendo na roseira". Ele morava no bairro da Aclimação, e eu ia buscá-lo em sua casa para visitar a Jovem Pan, a Rádio Eldorado e a Cultura, entre outras emissoras mais sofisticadas e que executavam música mais elaborada no período.

Em conversa com Hermeto Pascoal, lembro que ele me disse que extraíra os dentes para conseguir melhor encaixe da flauta a fim de melhor sonoridade. Também me lembro de ele dizer que Miles Davis utilizou sua música sem lhe atribuir os créditos, o que obviamente o desgostou.

Outro que se tornou meu amigo e de quem eu já era fã é o Erasmo Carlos. Ele sempre aparecia com seu secretário, que cuidava de sua agenda e o acompanhava aonde quer que fôssemos.

Entre os artistas do *cast*, também havia Wanderléa, Marcus Pitter, Odair José e Trio Arco Íris — do qual fazia parte Fábio Galvão, hoje o conhecido cantor e compositor Fábio Júnior, cujo nome foi proposto por Cayon Gadia, diretor artístico da Tupi que acreditou no talento artístico do jovem e produziu um programa nas tardes de domingo em que F. Júnior dividia a apresentação com outro jovem talento, o irreverente Silvio Brito, sucesso em *Espelho Meu* e *Tá Todo Mundo Louco*.

Por lá passaram outros importantes nomes, grandes estrelas com quem tive a oportunidade de trabalhar, tais como Caetano Veloso, Gilberto Gil, Gal Costa, Jorge Ben, Elis Regina, Maria Bethânia, Jair Rodrigues, Alcione — que lançou seu compacto *Figa de Guiné*, apadrinhado por Jair Rodrigues —, Cassiano — com "A lua e eu" —, Peninha — com "Sonhos", Marcos Sabino — com "Reluz" ... era um timaço. Ao mesmo tempo, Tim Maia lançava seu primeiro LP pela mesma gravadora, por onde estourou com várias faixas, como "Primavera", "Eu amo você", "Azul da cor do mar", entre outras.

Não me esqueço, ainda, de um jovem produtor chamado Hyldon de Sousa, que atendia ao departamento de vendas com alguns títulos, entre eles Banda do Canecão, cujos sucessos do momento eram arranjos de banda muito vendidos no final do ano para animar as festividades de Natal e Ano Novo.

Hyldon aproveitava os momentos ociosos do estúdio para gravar algumas músicas como artista, mesmo sem contrato. Assim lançou seu primeiro LP, que é sucesso e raridade até hoje. Entre as músicas do disco estavam "Na rua, na chuva, na fazenda" e "As dores do mundo".

Não raro me colocava à inteira disposição da companhia, sem horário fixo. Era uma estratégia para permanecer no quadro, pois à época já era evidente o preconceito manifestado em relação à minha negritude. Além de mim, os únicos negros vistos por lá eram os porteiros, que cuidavam da limpeza e da organização do espaço.

O supervisor, que nem era tão branco, mas que assim se via, me perseguia o tempo todo. Lembro-me de um momento muito triste que aconteceu comigo, aliás. Era norma da gravadora, nas comemorações de final de ano, oferecer um almoço para todos os funcionários e diretores em alguma churrascaria, e, durante a confraternização, eram sorteados prêmios, como aparelhos de som, televisores e demais produtos da marca Philips.

Num determinado ano, o artista convidado para a festa fora o que mais tinha vendido naquele ano, Odair José. A ordem do então presidente, o sr. Midani, era a de fechar a empresa e só ficarem os porteiros; todos os demais deveriam estar na festa de confraternização. O supervisor, aquele que pegava no meu pé, coincidentemente me escalou para aguardar o artista que chegaria do Rio de Janeiro e viria de táxi do aeroporto até a gravadora, de onde eu o acompanharia até o local da festa.

Aconteceu que Odair José perdeu o voo e não pôde ir para o evento; logo, fiquei aguardando por ele na gravadora e não participei da confraternização. Por volta das 15h, o presidente, que morava no mesmo prédio da gravadora, ao retornar, me encontrou sentado e desolado na sala de divulgação. Ele logo quis saber por que eu não tinha ido ao almoço, e expliquei todo o ocorrido. Ele, visivelmente irritado, disse-me ter sido sua ordem que todos os funcionários comparecessem ao evento.

Mais tarde, quando o supervisor chegou, numa espécie de "acareação", o presidente olhou para mim e, apontando para ele, diz: "Você deveria dar um soco na cara dele, isso não se faz". Eu não entendia exatamente tudo o que estava se passando, mas eles se entreolhavam, dando a perceber que sabiam muito bem o que tudo aquilo significava. Em minha mente, só passava o pensamento de que era impossível socar um sujeito muito maior do que eu.

Minha permanência ali durou somente alguns meses; logo depois, fui demitido pelo mesmo supervisor, que colocou um garoto que era decorador de loja e integrava seu círculo de amizades. Aliás, a história com esse supervisor não acaba aí: tempos depois, a vida nos apresenta outro desfecho.

Bem, mas ainda na Philips, participei do grande momento da música brasileira nos anos 1970: o evento Phono 73, idealizado pelo sr. Midani, no Anhembi, o palco mais representativo da cena musical naquele período. Foi uma série de shows com os artistas da gravadora apresentando vários estilos, com gravação de LPs em duetos, tais como: Odair José e Caetano Veloso; Jorge Ben e Gilberto Gil; Elis

Regina e Gilberto Gil, com "Ladeira da preguiça"; Bethânia com Gal Costa, lançando "Oração à Mãe Menininha"; além de uma interpretação maravilhosa de Gal e Índia para "Trem das onze"; entre outros.[3] Foi uma grande experiência e aprendizado.

Após a demissão, fui contratado pelo RGE/Fermata.

NA PHILIPS:

Adriana
Cassiano
Emílio Santiago
Erasmo Carlos
Fábio Júnior
Hermeto Pascoal
Hyldon
Ivan Lins
Jair Rodrigues
Jorginho do Império
Marcus Pitter
Maurício Reis
Marco Sabino
Odair José
Paulinho Camargo
Tim Maia
Wanderleia

RGE-FERMATA

Quando saí da Philips e fui para a RGE, ocorreu um fato que me marcou muito: o compositor e cantor Alberto Luiz, contratado da Philips, fazia sucesso com a música "Meus 20 anos", na qual eu havia trabalhado e que o famoso DJ Luiz Aguiar executava diariamente em seu programa na Rádio Tupi.

[3] Tudo isto está disponibilizado no YouTube, pois foram registrados pela TV Cultura e posteriormente lançados em um DVD.

A mesma música foi gravada na RGE. Quando fui ao programa do Luiz Aguiar e comentei que estava na RGE, ele acrescentou: "Veja a força e o prestígio do divulgador. Vou tocar agora a música 'Meus 20 anos', com Júlio César, em homenagem ao divulgador Nilton Ribeiro". No final da tarde, quando retornei à gravadora, a diretoria havia ouvido o programa e fui parabenizado pela contratação. Este foi um momento importante na minha carreira, pelo qual expresso gratidão a Luiz Aguiar, meu amigo e parceiro de sempre.

Fui contratado pela RGE no início de 1974, mas por lá fiquei pouco tempo. A gravadora não passava por um bom momento, tinha em seu quadro um *cast* bem pequeno, embora com importantes nomes, como Roberto Leal, que era a grande estrela da empresa; Harmony Cats, o conjunto rei dos bailes Super Som T.A.; Djalma Pires; Júlio Cesar; os novatos Ponto e Vírgula, com seu sucesso "Chacrilongo"; e Nazareno e Pena Branca (no estilo Antonio Carlos e Jocafi), com o samba "Vai doer", muito executado naquele momento.

A gravadora era muito forte no setor de edição de musicais internacionais, tendo sob contrato o então jovem Elton John, que acertava um sucesso atrás do outro; a dupla de cantores Wess e Dori Ghezzi, também um sucesso, que inspirou o lançamento da dupla Jane e Herondy no Brasil. Jane fazia parte do trio "Os três Moraes", já Herondy Bueno cantava estilo Tim Maia. Jane Moraes participou do primeiro e do segundo LP de Chico Buarque — os quais foram lançados pela RGE —, fazendo dueto nas músicas "Sem fantasia" e "Noite dos mascarados". Aliás, quando fui contratado pela RGE/Fermata, Chico já havia sido contratado pela Philips; nos desencontramos.

No final do ano, com mudança na direção, fui dispensado com a entrada de um novo diretor, Manoel Barein

Bem, que tinha sido produtor na Philips de grandes nomes, como Elis, Jorge Ben e Jair Rodrigues, passara um período na Itália e, quando voltou, montou sua própria equipe na RGE. Embora estivessem satisfeitos com meu trabalho, reconhecido e expresso pelos próprios artistas, ele preferiu montar o próprio time, o que, de certa maneira, era até normal na divulgação.

Fiquei uns dois meses à espera de uma nova contratação. Passam-se os tempos, e a sabedoria popular sempre nos ensinando: "Há males que vêm para o bem"; no meu caso, para o bem melhor: fui contratado pela maior e melhor gravadora do Brasil, a multinacional Emi-Odeon, da qual falaremos a seguir.

NA RGE:

Beto Scala
Djalma Pires
Diomedes
Edna Centurion
Grupo Super Som T.A.
Julio César
Luis Carlos (da Vai Vai)
Nazareno e Pena Branca
Roberto Leal
Wal Santana

8.

EMI-ODEON: A DÉCADA DE OURO

Graças a Deus minha vida mudou/ Quem me viu, quem me vê, a tristeza acabou/ Contigo aprendi a sorrir/ Escondeste o pranto de quem sofreu tanto/ Organizaste uma festa em mim...

("Minha festa", Nelson Cavaquinho e Guilherme de Brito, 1973)

AS TRANSFORMAÇÕES NO CENÁRIO MUSICAL continuaram a acontecer muito rapidamente no Brasil e no mundo, e isso não passou despercebido na minha vida também. Todas as gravadoras queriam os melhores artistas e os mais competentes divulgadores; estes, disputados a preço de ouro. Um tempo promissor se apresentava, tempo em que tudo foi transformação. Era o início de 1975.

Por meio do sr. Sebastião Ferreira, produtor na Rádio Nacional, extinta Rádio Globo, e criador da Grande Parada de Sucesso, também responsável pela divulgação de grandes nomes da música, como o da cantora Milena, fui orientado a procurar o sr. Moacir Machado, que estava, naquele momento, reformulando seu quadro de divulgadores da gravadora Emi-Odeon. Certa segunda-feira pela manhã, fui até São Bernardo do Campo, onde ficavam a fábrica e o escritório. Quando cheguei, alguns divulgadores logo me reconheceram e me olhavam meio que sem saber o que se passava, quando um deles, já supervisor ali, dirigiu-se a mim dizendo que eu não havia marcado horário com ele, mas que me daria uma ficha para preencher, pois assim que tivesse alguma vaga entraria em contato comigo. Virou as costas e entrou na sala.

Eu já tinha 27 anos à época, e, ensimesmado, permaneci parado por instantes, pensando que havia algo de errado naquela abordagem. Bati à porta e indaguei: "Disseram para que eu fale com o sr. Moacir Machado", ao que, com visível descaso, respondeu: "Ainda não chegou". No exato instante em que fecho a porta, ouço atrás de mim uma voz que pergunta: "Você é o Nilton Ribeiro? Prazer, sou Moacir Machado, presidente da empresa. Já te ofereceram um café? Entre na minha sala, vamos conversar; você já está contratado, suas referências e apresentação são excelentes. Conversei também com o Cayon Gadia, que já te indicou. Vou ser breve: estou mudando algumas peças, não comente com ninguém da equipe; você começa a trabalhar no começo do mês. Traga sua documentação. O salário de divulgador aqui é X, mais X de verba de representação, convênio médico e 14º salário". Poxa, uma proposta maravilhosa, sonho de todo profissional de divulgação.

A Emi-Odeon apresentava um *cast* fantástico, os melhores nomes em todos os estilos, além de um rico catálogo que já estava há muitos anos no mercado. Fui abrindo novos caminhos e construindo a caminhada. A consequência foi um trajeto promissor: material, intelectual e artisticamente.

O primeiro artista que me deram para trabalhar foi o conjunto Nosso Samba, com a música "O ouro e a madeira", um grande sucesso. Estavam sendo lançados naquele ano a cantora Simone, com a regravação de "Matriz e filial", e Roberto Ribeiro, com as faixas "Sinto" e "Estrela de Madureira" do LP *Molejo*. No mesmo ano, Roberto Ribeiro, Simone e João de Aquino foram representar o Brasil em Bruxelas, na Bélgica; deste show, foi extraído um LP, *Raridade*.

Ainda constavam nomes como os Beatles e toda a nata da MPB: Milton Nascimento, Gonzaguinha, Ivan Lins, Djavan, Nana Caymmi, Egberto Gismonti, entre outros. Além dos artistas populares Fernando Mendes, José Augusto, The Fevers etc.

Divulguei o primeiro compacto do Paralamas do Sucesso, *Vital e sua moto*, depois *Óculos*, e desenvolvemos uma amizade que permanece até hoje. Fui designado também para a direção de um trabalho especial com Djavan. Ficamos parceiros e tivemos muitas histórias, como a de quando Djavan voltou de uma excursão em Angola com o visual todo mudado, com aquele cabelo que conhecemos hoje, e foi procurar no centro da cidade de São Paulo, na rua Direita, um violão para comprar. Nisso, foi abordado e levado pela polícia por puro preconceito de cor. Então falei com o repórter Carlos Tramontina, e fizemos uma matéria em frente ao restaurante Gigeto. Naquele momento, estávamos lançando o LP *Meu Bem Querer*. Djavan começava a ser conhecido, mas esta matéria deu um *up*: no dia seguinte, ao ar logo cedo no *Jornal da Manhã*; à tarde, no *Jornal Hoje*; e à noite, no *Jornal Nacional*. Foi ótimo para a divulgação do trabalho do Djavan, pois em seguida a música "Meu Bem Querer" acabou sendo tema de novela global.

À época, eu era responsável por toda a agenda de TV dos artistas da emissora. Sempre era muito elogiado pelo trabalho, pela dedicação e pela inventividade que o cargo exigia, além da boa convivência que desfrutava com os artistas. Contudo, não conseguia promoção para supervisão, tampouco para gerência, o que com habitual frequência via acontecer com outros divulgadores que não desfrutavam nem do mesmo prestígio nem do conhecimento junto aos radialistas ou produtores de TV, e ainda assim eram promovidos seguidamente.

Nessa época, Edson Coelho era o gerente de divulgação da gravadora, sediada no Rio de Janeiro. Em uma reunião de planejamento de final de ano, em São Bernardo do Campo, todos os divulgadores, um a um, entregaram uma carta de demissão, pois estavam migrando para outra gravadora que havia se instalado no Brasil, a Ariola, que estava oferecendo aos interessados o dobro de seus salários nessa mudança.

De todos da equipe, eu fui o único que não foi sequer convidado a migrar; portanto, fiquei muito surpreso com aquela atitude coletiva. Edson também não entendeu nada, pois alguns da equipe eram inclusive seus amigos. Ele ficou muito abalado e chamou sua secretária, perguntando-lhe se sabia de alguma coisa; para sua surpresa, ela disse que tinha sido ela mesma quem datilografou todas as cartas de demissão, o que fez com que Edson, sentindo-se apunhalado, ordenasse que ela fizesse também a sua, pois estava demitida.

O presidente, ao tomar conhecimento do ocorrido, quis saber se eu também não havia sido convidado; e, ao saber que não, inferiu e declarou que decerto porque eu não deveria ser bom, ordenando que me demitissem e formassem uma nova equipe, pois seria fácil para a Odeon retirar pessoas de outras gravadoras para formar novo quadro.

Hoje bem sei o motivo que não fui convidado para a outra gravadora. Apesar de minha disciplina com os compromissos e do bom relacionamento, tornando fácil que me tornasse um supervisor, não iriam querer na equipe um supervisor negro, como o conjunto dos fatos foram posteriormente demonstrando.

Ainda assim, permaneci na gravadora, e com Edson formamos uma nova equipe, não sendo ainda desta vez que conseguiria uma nomeação para um cargo de gestão.

Segue-se o tempo e muda o presidente: assume o sr. Atílio, e um supervisor do RJ foi contratado por outra gravadora, fazendo surgir, assim, uma vaga que fez os meus olhos brilharem.

Naquela semana, levando o presidente da gravadora para o aeroporto, abordei, sem dar-lhe a chance de contestar: "O supervisor da TV vai sair para outra empresa. Estou aqui há seis anos, se não me der a supervisão, não vou ficar mais. Você me demita ou vou solicitar minha demissão". No mesmo dia, assim que chegou ao RJ, ele me ligou solicitando que eu fosse para lá para assumir o posto de supervisor de TV em âmbito nacional, com o compromisso de, inicialmente ficar quinze dias no Rio e quinze dias em São Paulo, mas com previsão para fixar residência na Cidade Maravilhosa.

Passada a euforia da promoção tão aguardada, e por que não dizer merecida, logo me vi entre o feijão e o sonho; entre a realidade real e a realidade sonhada, pode-se assim dizer, quando, diante das inúmeras idas e vindas São Paulo/Rio, entrei no dilema entre ficar com a família ou voar para o Rio e realizar o sonho tão acalentado.

Já com dois filhos pequenos, Joyce e Otávio, a mudança era complicada. Assim foi passando o tempo, ora morando em hotel, longe da família, ora em casa com a família, mas sempre solicitado para reuniões de emergência no Rio. Vivia na ponte aérea: indo, mas nem sempre vindo quando previa.

O tempo foi passando, e nada de a empresa formalizar minha ida definitiva com a família para o Rio de Janeiro. Sem falar que havia outras questões que dificultavam minha permanência lá; por exemplo, eu não fui bem aceito por alguns colegas do meu departamento, o que era fácil de se constatar pelas frequentes atitudes desrespeitosas que dirigiam a mim; eu acabava engolindo, pois, mesmo sendo hierarquicamente superior a eles, sabia que, se demitisse qualquer um deles, minha decisão não seria acatada, pois alegariam que o importante era que o trabalho estava andando.

Não foram poucas as vezes, nem raras as situações, em que me deparei com a silenciosa violência de preconceito e discriminação, travestida pelo mito da democracia racial de que o projeto supremacista branco se serviu para embalar o seu preconceito de cor e promover o "racismo à brasileira", conforme Kabengele Munanga (2017, p. 38):

> O mito proclamou no Brasil um paraíso racial, onde as relações entre brancos e negros, brancos e índios etc. são harmoniosas, isto é, sem preconceito e sem discriminação, a não ser de ordem socioeconômica, que atinge todos os brasileiros e não se baseia na cor da pele. Para se consolidar e tornar-se cada vez mais forte, o mito manipula alguns fatos evidenciados na realidade da sociedade brasileira, como a mestiçagem, as personalidades míticas e os símbolos da resistência cultural negra no país. Ele vai afirmar que somos um povo mestiço — ou seja, nem branco, nem negro, nem índio —, uma nova "raça" brasileira, uma raça mestiça. Quem vai discriminar quem, se somos todos mestiços?

Devido à soma de todos estes motivos, a continuidade da minha presença na gravadora foi ficando insustentável; até que certo dia, recebi um telefonema comunicando minha demissão após dez anos de serviços prestados.

NA EMI-ODEON:

Adoniran Barbosa
Agnaldo Timóteo
Angela Maria
Alaíde Costa
Beto Guedes
Beto Orlando
Blitz
Catorze Bis
Clara Nunes
Clementina de Jesus
Chris de Burg
Dalto
Dick Farney
Di Mello
Djavan
Dona Ivone Lara
Dori Caymmi
Egbert Gismont

Eliana de Gramont
Erva Doce
Evinha
Fábio Stela
Fátima Guedes
Fernando Mendes
Fernando Ribeiro
Gisa Nogueira
Golden Boys
Gonzaguinha
Grupo Nosso Samba
Grupo Viva Voz
Ivan Lins
Isaurinha Garcia
João Dias
João Nogueira
Joel Teixeira
José Augusto
Joyce
Jurema
Kiko Zambianchi
Leny Andrade
Lillo Thomas
Lincoln
Lucho Atica
Luiz Ayrão
Luis Claudio
Luis Geraldo
Luis Miguel
Lulu Guedes e Thomas Roth
Marcelo
Marcia
Marco Camargo
Maria Tereza
Marizinha
Milena
Milton Nascimento
Miltinho
Nana Caymmi
Neguinho da Beija Flor
Ney Lopes
Paralamas do Sucesso
Paulinho da Viola
Paulo Diniz
Peri Ribeiro
Rafaela
Reginaldo Rossi
Reinaldo
Roberto Ribeiro
Rosana
Simone
Sonia Mello
Sueli Costa
Tarcys Andrade
Tavinho Moura
Teca Calazans e Ricardo Villas
The Fevers
Tim Maia
Tito Madi
Toninho Horta
Vinicius Cantuaria
Zé Luis
Zé Rodrix

9.

DE DIVULGADOR A PRODUTOR E EMPRESÁRIO ARTÍSTICO

Já choramos muito/ Muitos se perderam no caminho/ Mesmo assim, não custa inventar/ Uma nova canção que venha nos trazer sol de primavera/ Abre as janelas do meu peito/ A lição sabemos de cor/ Só nos resta aprender.

("Sol de Primavera", Beto Guedes, 1979)

EIS QUE A PRIMAVERA SURGE...

Com a minha saída da Emi-Odeon após dez anos de trabalho, e com um salário acima do praticado no mercado, resolvi, por várias razões, empresariar artistas, alguns com exclusividade, outros como vendedor de shows, como Fernando Mendes, Odair José e José Augusto.

Também passei a trabalhar como DJ nos bailes *black* da época com o nome artístico de Mr. Miltão, chegando a realizar três apresentações em um só dia e viajando para as principais cidades paulistas, como Ribeirão Preto, Campinas, Limeira, Santo André, entre outras, com meus discos importados, sucessos e lançamentos da Billboard. Eu também exibia filmes 16 milímetros, que eram apresentados no programa *Som Pop* da TV Cultura, mas eu tinha acesso exclusivo porque era muito bem relacionado com a direção do programa, já que sempre dava a eles prioridade e exclusividade quando era supervisor de divulgação.

Em São Paulo, tocava na Zimbabwe, Chic Show e em todos os lugares da periferia que tinham agenda lotada nos finais de semana, principalmente em véspera de feriado. Certa ocasião, fui contratado para tocar no salão Festas Astro, na avenida Cupecê, no bairro de Cidade Ademar, na Zona Sul de São Paulo. Quando fui receber o cachê, o proprietário do salão, sr. Francisco, perguntou-me se eu teria interesse em ficar exclusivo lá com um salário fixo, e também me ofereceu uma sala para que eu montasse meu escritório de empresário do *show business*, pois ele tinha outro salão de nome "Yoga", na av. Morumbi, e lá havia shows todo final de semana.

Fiquei responsável pelas contratações e aprendi muito com o sr. Francisco, um descendente de italiano crescido debaixo da plantação de café no interior de São Paulo. Não tinha formação escolar, mas era um grande administrador e empresário, além de ser um cavalheiro no trato com as pessoas, ajudando muitas delas nas adversidades.

Já trabalhava no Astro havia dois anos, até que um dia Chico, como carinhosamente o chamávamos, me chamou na sua sala e disse: "Vou acertar seus direitos, e a partir de agora você passa a ficar *freelance*: contrata os artistas por seu próprio intermédio. Vou te apresentar meus amigos donos de salão em São Paulo". Como não era funcionário registrado, pensei: "Acertar o quê se já recebi o salário do mês?". Ele me acertou férias, 13º salário e todos os direitos trabalhistas. Tudo isso me ajudou muito a equilibrar as contas naquele momento. E nossa amizade continua até hoje.

Assim me tornei empresário artístico. Segui vendendo shows e comecei a produzir alguns artistas, ocasião em que criei meu primeiro selo musical chamado "Banto Discos", pelo qual gravei o LP do meu primeiro artista, Dhema, com o Maestro João Batista Martins, mais conhecido como Jobam: *Swing, Samba e Roll*, que foi distribuído pela gravadora Continental.

10.

NA GERÊNCIA DE DIVULGAÇÃO NA GRAVADORA CONTINENTAL

Assegure o pão de cada dia/ Trabalhando com vontade/ Segura, segura e segura e não larga essa tal felicidade...

("Segure tudo", Martinho da Vila, 1993)

TANTO VAI O POTE À BICA, que um dia fica... foi assim que o dito popular se fez realidade.

Com minhas frequentes idas à gravadora Continental, fui convidado pelo presidente, o Sr. Wilson Souto, a assumir as funções de divulgador de TV, ficando responsável pela programação dos artistas nos quadros da emissora. Era um *cast* enorme, oitenta por cento de músicos sertanejos. Cheguei a trabalhar com Milionário e Zé Rico, Matogrosso & Mathias, Chrystian e Ralf, e muitos outros.

No lançamento do LP de Matogrosso & Mathias, solicitaram que eu fizesse um plano de divulgação. Desse plano, constava um show com churrasco, para imprensa e convidados, em um campo de futebol próximo à capital. Contratei um helicóptero para levar os artistas, que deveriam chegar na hora do show, quando já estivessem tocando a abertura. A festa rolando, músicas no palco, o helicóptero sobrevoando o campo, mas o público não sabia o que iria acontecer; de repente, o helicóptero pousa no gramado, os artistas saem em direção ao palco e iniciam o show. Isto causou uma grande repercussão e foi muito útil para o sucesso da dupla e do LP.

Reconhecendo o meu trabalho, fui promovido a Gerente Regional Artístico (GRA) de divulgação Norte/Nordeste. Portanto, fiquei responsável pela divulgação dos artistas regionais da gravadora naquela região. Era o início do axé music, que já era sucesso na Bahia e que estava sendo apreciado em São Paulo e em outros estados do Sudeste, pois os artistas que passavam Carnaval e festas em Salvador traziam os discos em suas malas; as músicas, na cabeça; e a dança e as coreografias, no corpo.

A Continental foi a pioneira na contratação desses artistas, e Chiclete com Banana, contratado da companhia, era o grande sucesso do momento, com contrato milionário com a gravadora. Em reunião, ficou acertado que não se mediria esforços para torná-los sucesso nacional até o término do contrato; caso não acontecesse, estariam liberados.

Nesse momento, fiquei designado a dar total atenção ao grupo, com ampla liberdade para fazer o que fosse possível para atingir o objetivo. Foi muito trabalho, com reuniões nas produções musicais da TV Globo; tudo o que era musical eu tinha que programar o Chiclete. Vivíamos na ponte aérea Salvador-Rio-São Paulo-Salvador, porque participavam dos programas de segunda a sexta-feira, às vezes até sábado, e cumpriam uma extensa agenda de shows pelo Nordeste.

Então, acertei com a TV Bandeirantes o *Especial Chiclete com Banana*, gravado no Farol da Barra, em Salvador. Era um clipe na ilha da Maré, para onde fomos de escuna com vários modelos, inclusive alguns argentinos que estavam no hotel. Mas um episódio sombrio ofuscou o brilho e a alegria do trabalho. Ao chegarmos à ilha, antes de a escuna atracar, um dos câmeras pulou na água e saiu todo ensanguentado gritando, pois havia sido atacado por piranhas. Só não foi mais trágico porque felizmente os ferimentos não foram profundos. Realizamos a gravação e voltamos para o hotel.

Mais tarde, estava parado na porta do hotel descansando, quando Bell Marques chegou e me disse "Entre aqui, vamos na micareta". Entrei pensando que fosse um show ali perto e que logo voltaríamos. Bell, com seu Santana zerado, pegou a BR-324, e só aí fiquei sabendo que era em Feira de Santana a maior micareta da Bahia. Ficamos lá por três dias: tive de comprar roupas e produtos de higiene pessoal, pois não sabia que iria ficar todo esse tempo, nem avisei ninguém no hotel onde estava hospedado em Salvador.

Dois fatos marcaram muito este momento. Ficamos na Pousada do Cajueiro, onde, após a micareta, Chiclete realizaria um show cuja abertura foi feita por Paulinho Boca. No domingo, quando estávamos saindo para o local do evento, estava na porta da pousada um rapaz com um violão querendo mostrar uma música para o Bell. Era o hoje famoso Carlinhos Brown. Outro momento foi um desentendimento entre Bell, que era o segundo vocalista, e Missinho, que era o vocalista principal: a discussão era porque o prefeito queria que a banda tocasse mais uma hora, e como Missinho não queria, desceu do trio. Bell e seus dois irmãos, Waltinho e Wilson, que eram os donos da banda, disseram: "Se você não aceitar o pedido, está fora". Missinho não aceitou, e a partir desse dia Bell assumiu os vocais da banda, e Chiclete virou a sensação do axé da Bahia.

Outros momentos importantes na Continental foram quando estava lançando o LP *Branca mete bronca*, do Branca Di Neve, que levei para a gravadora, e quando tive a prazerosa oportunidade de estar, no ano de 1987, com Desmond Tutu, o bispo da Igreja anglicana e que foi condecorado com o prêmio Nobel da Paz em 1984. Ele iria se apresentar no Pelourinho, e o fato se deu assim: a organização musical estava a cargo do bloco afro Olodum; conversei com os dirigentes e ficou acertado que Branca Di Neve cantaria com o Olodum a música "Você sabe a cor de Deus?", faixa do disco que o Olodum abraçou assim que ouviu o LP. Foi um sucesso, pois a apresentação ocorreu no horário do programa global *Fantástico*, que estava cobrindo ao vivo o evento. Como nada tinha sido combinado com antecedência, fiquei na véspera no mimeógrafo do hotel tirando cópias da letra para distribuir para o público, mas valeu a pena!

No dia seguinte, estava no Hotel Mar Azul, na Barra, onde sempre me hospedava, e chegou o presidente do Olodum na época, sr. Petú, juntamente com o diretor, sr. Euzébio, carregando um aparelho de videocassete debaixo do braço; queriam me mostrar o trabalho do Olodum ocorrido no Carnaval daquele ano. Fiquei impactado com a batida e as mensagens das letras, com seus temas de exaltação ao povo negro e de denúncia da violência da escravidão.

Na minha volta a São Paulo, em reunião com o presidente, sr. Wilson Souto, relatei o trabalho com Branca Di Neve e Chiclete com Banana, e falei entusiasticamente sobre a banda Olodum, a qual recomendei contratação imediata.

Dias depois, chegou na gravadora um DJ e produtor musical vindo da Bahia, Cristóvão Rodrigues, que trazia alguns artistas para a gravadora. Mostrou uns três artistas e, no final da reunião, o presidente disse: "Niltão esteve em Salvador e só fala de um tal de Olodum. Você não o mencionou aqui em nenhum momento! Ou ele esteve em outra cidade?". Ao que Cristóvão respondeu: "É um bom grupo, caso queira incluir também...". Acabou que Wilson foi a Salvador, conheceu o grupo e o contratou na hora, fazendo com que Olodum estourasse, tornando-se sucesso mundial com seu ritmo, sua dança, sua mensagem de protesto e exaltação ao povo negro e, sobretudo, de gratidão à ancestralidade.

Depois, vieram Banda Mel, Asa de Águia, Gerônimo, Muzenza, Peninha e também Tim Maia, com quem já havia trabalhado na Philips e na Emi-Odeon. Também empresariei com exclusividade o cantor Zé Paulo, contratado já no final da minha estada na gravadora. Ele e sua banda fantástica foram um grande sucesso, e com o grupo viajei todo o Norte e o Nordeste, e fomos até a Argentina.

NA CONTINENTAL:

Alípio Martins
Altay Veloso
Antônio Carlos e Jocafi
Asa de Águia
Banda Mel
Beto Barbosa
Blindagem
Branca Di Neve
César e Paulinho
Chiclete com Banana
Cida Moreira
Gerônimo
Grupo Degradè
Grupo Papo 10
Eliana de Lima
Esquema 6
Jadis Macalé
Jamelão
João Viola
Leandro e Leonardo
Marcia Ferreira
Mato Grosso e Matias
Milionário e José Rico
Moraezinho
Muzenza
Olodum
Os Mirins
Samba 6
Tim Maia
Tom Saga
Zé Paulo

II.

FUNDAÇÃO E SOCIEDADE NA PARADOXX MUSIC

No novo tempo/ apesar dos castigos/ Estamos crescidos, estamos atentos, estamos mais vivos/ pra nos socorrer, pra nos socorrer, pra nos socorrer...

("Novo tempo", Ivan Lins e Vitor Martins, 1980)

Você foi o maior dos meus casos/ de todos os abraços, o que eu nunca esqueci/ Você foi, dos amores que eu tive/ o mais complicado e o mais simples pra mim

("Outra vez", Isolda Bourdot, 1977)

INÍCIO DOS ANOS 1990. A vida analógica agonizava, com os dias contados, tendo o mundo digital batendo à porta.

Em 1992, estava empresariando e produzindo alguns artistas, quando fui convidado a participar da sociedade do selo musical de nome Paradoxx pelo colega Sílvio Arnaldo — com quem já havia trabalhado na Emi-Odeon — e por Luiz Domingos Rodrigues, um grande empresário do ramo atacadista de disco.

Para isso, eles foram até a Gravodisc, onde eu estava produzindo um LP do artista, compositor e produtor Cléo Galante, meu amigo. Apresentaram-me a proposta de fazer parte do novo empreendimento com uma participação societária de 10%. Não dei a resposta de pronto, pois estava iniciando carreira independente como empresário musical, já produzindo artisticamente e lançando discos; portanto, ponderei o que seria para mim o melhor naquele momento. Passados alguns dias, marcamos uma reunião em meu escritório, e, depois de revisadas as condições, disse sim à proposta.

Já de início, o LP de Cléo Galante começou a fazer parte do catálogo, e eu fiquei responsável pelo *cast* nacional. Alugamos duas pequenas salas na rua General Jardim, na Vila Buarque. Por esse tempo, contratamos e gravamos alguns grupos de pagode, gênero musical que alcançou o auge nos anos 1990. O primeiro grupo que contratamos foi o Pé de Moleque, do qual os filhos do amigo Moisés da Rocha, do programa "O Samba pede Passagem", faziam parte.

Silvio e Luís foram para a Miden, na cidade de Cannes, na França, uma feira internacional muito conceituada, destinada a produtores e artistas, para licenciarem e venderem seus fonogramas e edições e firmarem parcerias. Nessa visita à feira, Silvio licenciou vários fonogramas, entre eles a música "Ragga Arabe" ("Chiki Chika"), que foi um sucesso imediato, já que as discotecas e a *dance music* estavam no auge do gosto da juventude dos anos 1990. Já Silvio firmou uma parceria com a Jovem Pan com vários títulos lançados, sendo o carro-chefe "As sete mais da Jovem Pan".

Naquele ano, acontecia também a grande transição revolucionária do LP para o CD, o que aumentou expressivamente o volume de músicas vendidas em todo o Brasil, tendo sido causa ou consequência da logística e armazenamento do material até então produzido. Isso colocou a Paradoxx Music como a primeira gravadora nacional, superando até mesmo algumas multinacionais em faturamento.

Na função de relações públicas e produtor do setor nacional, contratei e divulguei os grupos Arte Final, Grupo Família, Grupo 100%, Grupo Sampa, Trassamba, Pique Novo, Samba K, Mauro Diniz, Benito de Paula, Almir Guineto, Peninha, Djalma Pires, Patrulha do Samba, entre outros.

Entre os anos 1990 e 2000, foram inúmeras as viagens que fizemos por todo o Brasil divulgando os produtos, visitando os lojistas, contratando artistas regionais e aprofundando cada vez mais meu trabalho de divulgador e relações públicas. Assim, conquistei, por meio de trabalho árduo, a oportunidade de visitar e conhecer alguns países da Europa e da América do Sul, do Norte e central. A gravadora, por sua vez, chegou a ter em seu quadro duzentos funcionários, entre CLTs e comissionados.

Mas, a partir dos anos 2000, com a abertura do mercado mundial, o capitalismo globalizado e as possibilidades de produção massiva em todos os setores, a pirataria foi tomando conta do setor de produção e comercialização fonográfica devido às inovações tecnológicas. Logo, enquanto o faturamento ia sofrendo quedas, as despesas permaneciam altíssimas.

Nesse momento, já tínhamos uma sede própria no bairro da Bela Vista, na rua Conde de São Joaquim. O sócio que cuidava do financeiro, e que fora quem investira no início (embora já tivesse feito sua retirada do investimento aplicado acrescido da correção), junto a uma pessoa de sua confiança, segundo apurado em auditoria, provocou expressivo prejuízo à empresa, tendo sido afastado da sociedade. Mas, a essa altura, o impacto foi devastador na continuidade do projeto.

Em 13 de maio de 2001, em comum acordo, transferi minhas cotas para o sócio Silvio Arnaldo, recebendo parte do catálogo como pagamento e algumas poucas duplicatas, com as quais iniciei a concepção do sonho de ter meu próprio selo musical.

NA PARADOXX:

Augusto César
Biguá
Dhema
Grupo Cem por cento
Grupo Patrulha do Samba
Grupo Pé de Moleque
Grupo J.B. Samba
Grupo Pique Novo
Grupo Trassamba
Grupo Turma do Pagode
Peninha
Spainy e Trutty
Tia Doca
Vera Negri

12.

CRIAÇÃO DO OBI MUSIC

Abre as asas sobre mim/ Oh senhora liberdade/ Eu fui condenado, sem merecimento/ Por um sentimento, por uma paixão, violenta emoção...

("Senhora liberdade", Wilson Moreira, 1979)

DA DECEPÇÃO NASCE UM SONHO: o de criar um selo para trabalhar a música — imagino que sonho de todo produtor musical. Pensei em um projeto que trabalharia a música negra nacional e que se materializou pouco tempo depois, dando vida ao meu próprio selo: **Obi Music**.

A data é muito simbólica: teve início em 14 de maio de 2001, um dia após o aniversário da assinatura da lei de abolição da escravidão no Brasil e um ano após a transferência das minhas cotas da Paradoxx. Pode parecer coincidência, mas tenho comigo, firmemente, a certeza de se tratar da força e proteção dos Orixás em minha vida. E meu sentimento foi exatamente o de libertação, independência, autonomia e criatividade.

Iniciei com os títulos da rescisão societária da Paradoxx somados aos títulos que fui produzindo até a festa de lançamento no memorável Palace, no bairro de Moema em São Paulo, um badalado *point* dos grandes eventos musicais da época.

Os primeiros títulos foram o Grupo Berimbrown, com o premiado CD "Aglomerado", e o eterno Jamelão, com o CD "Cada vez melhor", ambos selecionados e premiados pelo Prêmio Sharp de Música, o mais importante do Brasil naquele momento.

Para a festa de lançamento do Obi Music, no Palace, a apresentação do evento ficou por conta das jornalistas: a veterana Glória Maria e a então iniciante Joyce Ribeiro, minha filha, hoje âncora do jornal da tarde da TV Cultura.

Atualmente trabalho na reorganização do Obi Music Digital. Constam do catálogo títulos dos artistas consagrados da MPB, como Adriana Godoy, Benito de Paula, Luna Júnior, Leny Andrade, Altay Veloso, entre outros. Das produções mais recentes, figuram o CD *Júnior Alves de carto-*

la e cavaquinho — que acredito ser um dos grandes nomes da música instrumental —, disponível nas principais plataformas digitais.

O aprendizado acumulado na caminhada não deixa dúvidas de que a música foi um mecanismo de transformação na minha vida, tendo cumprido um papel educativo e formativo que as escolas que frequentei não me proporcionaram.

Com a música e por meio dela, aprendi **geografia**, viajando por todos os estados do país e o DF, e alguns países da Europa e outros da América; **história**, caminhando, ouvindo, acessando, testemunhando e protagonizando os fatos, as narrativas e assimilando e contribuindo na produção da cultura; **língua portuguesa e estrangeira e literatura**, no contato com as letras e toda a beleza poética nelas contidas; **matemática**, produzindo, negociando, comprando e vendendo; **química e física**, frequentando os laboratórios de confecção de discos de vinil, estúdios de gravação; **música**, vendo compor, compondo, propondo ideias sobre arranjos, andamentos, ritmos, bem como optando pelo intérprete mais adequado a cada canção; **moda, estética e maquiagem**, orientando a escolha do melhor visual de roupa, cabelo e maquiagem para a ocasião da apresentação do artista; ***soft skills***, adquirindo, na convivência, saberes que orientaram as formas e estratégias de conhecimentos, procedimentos e atitudes mais adequados a cada situação.

Mas, sem dúvida alguma, o que mais me enche de satisfação, alegria e gratidão quando penso na minha jornada profissional, de homem negro, no cenário predominantemente branco dos bastidores da produção musical, são as relações construídas com as pessoas pelos lugares por onde passei e passo, e o conhecimento adquirido sobre a cultura local, facilitado pelo exercício de comunicação, o talento com que fui enviado para esse mundo para dar conta da minha missão.

13.

ARTISTAS QUE SE TORNARAM AMIGOS

A amizade, nem mesmo a força do tempo irá destruir/ Somos verdade, nem mesmo este samba de amor pode nos resumir/ Valeu por você existir, amigo...

("A amizade", Cesar Augusto, Bicudo, Djalma Falcão, 1991)

NESTE CAPÍTULO, relato episódios muito pessoais sobre minha convivência mais próxima com alguns dos nomes mais representativos da Música Popular Brasileira. Com alguns deles, na construção da relação de trabalho, foi possível estreitar uma bonita amizade. Na aproximação do(a) artista com o ora divulgador, ora produtor que eu era, por conta de tantas atribuições a mim delegadas — longas jornadas de trabalho, viagens, conversas na forma de orientação artística, auxílio na escolha do melhor figurino, almoços, jantares, hospedagens, divulgação do(a) artista nas emissoras de rádio —, somadas às minhas características mineiras e ao *know-how* adquirido no percurso, muitas histórias foram nascendo, e algumas delas compartilho aqui.

1. ROBERTO RIBEIRO

> *E um trem de luxo parte, para exaltar a sua arte que encantou Madureira; mesmo com o palco apagado, a apoteose é o infinito, continua a estrela brilhando no céu...*
>
> ("Estrela de Madureira")

Conheci o Demerval Miranda Maciel, artisticamente Roberto Ribeiro, em 1975, quando fui contratado pela Emi-Odeon como divulgador. Ele estava lançando o LP *Molejo*, com sambas preciosíssimos como "Estrela de Madureira" (com Silas de Oliveira) e "Só para chatear". No primeiro contato, a empatia foi recíproca, e começamos uma grande amizade e parceria. Os Ribeiros se encontraram.

Trabalhei e participei dos grandes momentos na vida dele, tanto profissionais, quanto pessoais. E nossa amizade e companheirismo foram tão intensos que alcançaram nossas famílias. Era frequente passarmos as férias no RJ em sua casa, e o inverso também: Roberto vinha para São Paulo, com sua esposa e filho, o hoje sambista Alex Ribeiro, e ficavam em casa quinze dias, tendo ou não compromisso em São Paulo.

Juntamente com a Odeon, fizemos grandes eventos de lançamento dos LPs na quadra da Mocidade Alegre em São Paulo, no bairro do Limão. Com entrada franca para o público, era um show completo para mostrar músicas do disco, com direito a chope, pipoca, cachorro-quente... Tudo gratuito para o público, cerca de 3 a 4 mil pessoas. O evento era divulgado por Moisés da Rocha, no programa "O Samba pede Passagem", e pela Mocidade. Na semana seguinte, o lançamento já atingia a marca de 150 mil unidades, alçado ao Disco de Ouro. Isso aconteceu por três ou quatro anos seguidos.

Também era frequente nossa presença no Clube do Samba, do qual Roberto era um dos fundadores, juntamente com João Nogueira e Clara Nunes. Época de ouro que projetou Pixinguinha, Roberto Ribeiro e dona Ivone Lara no Sesc Dr. Vila Nova em São Paulo e em todo o Brasil: sucesso absoluto, enorme divulgação — maior em resultado que qualquer mídia social, pois era presencial e energia pura.

Trabalhei com Roberto Ribeiro também na área de shows em algumas oportunidades. Ele era muito exigente com os músicos e com a qualidade do som, e seu perfeccionismo, com relativa frequência, até dificultava a realização do evento.

Há relatos de várias experiências difíceis, uma delas em Porto Alegre. Com contrato para apresentação num certo sábado, de repente surgiu oportunidade de outra apresentação em cidade próxima, e assim ficou acertado que um contratante emitiria a passagem de ida, e o outro a de volta, e ambos dividiriam as despesas de hospedagem e refeição. O primeiro show era totalmente independente do segundo, mas eu, sem muita experiência, e confiando no primeiro contratante com o aval do Roberto, viajamos somente com as passagens de ida.

Mas as coisas se complicaram. O segundo show foi cancelado, e o contratante do primeiro show não quis arcar com as passagens de volta para o RJ. Éramos treze pessoas em Porto Alegre sem jeito de voltar, aguardando a boa vontade do contratante de emitir os bilhetes, o que foi feito depois de muita humilhação e ainda com ele dizendo se tratar de um favor.

Foi um momento muito difícil, mas aprendemos a nunca mais irmos para show sem termos as passagens de ida e volta emitidas. Valeu a lição, que é regra na contratação de shows em todos os tempos.

Como em toda carreira, temos os altos e baixos, e é impossível ficar no topo por muito tempo. Mas nem sempre estamos preparados para a pior fase, que vem por vários motivos, sendo um deles a saúde.

Com problemas na visão, Roberto ficou recluso, tendo apoio da família e de muitos artistas, como Gonzaguinha, que chegou a levá-lo para Belo Horizonte para tratamento, mas não obteve o resultado esperado.

Os shows ficaram escassos, os cachês caíram, e já não dava mais para levar os músicos de gravação. Mas, ele, que até hoje é considerado o maior intérprete de sambas-enredos de todos os tempos e também um grande cantor de sambas do Brasil, tinha um repertório farto e com grandes sucessos; logo, não faltavam grupos para acompanhá-lo nesta fase. Roberto ainda assim reclamava muito, deixando com relativa frequência o clima um tanto tenso — apesar de o público não perceber, pois era amado por todos.

Nesse período, já no final da carreira, Roberto passou a ficar em minha casa no bairro de Chácara Santo Antônio; às vezes, eu saía para resolver alguns problemas, e ele ficava nos bares ali por perto. Tomava umas cervejas a mais, e quando eu voltava já não o encontrava mais: havia tomado um táxi para se hospedar no Hotel Jandaia. Quando o via novamente, ele me dizia: "Me desculpe, saí para tomar uma, passei do limite, e não queria que meus sobrinhos me vissem assim", referindo-se aos meus filhos.

Demerval Miranda Maciel, Roberto Ribeiro, grande amigo, um irmão, cuja passagem em minha vida marca uma linda história de saudosa amizade.

Da rua do Samba do Camisa Verde, seu nome é estampado com o título de Padrinho.

2. CLARA NUNES

> *Sabiá, Voa meu sabiá, canta meu sabiá, adeus meu sabiá, até um dia...*
>
> ("Um ser de luz")

Sem dúvida, Clara foi a primeira mulher a ultrapassar a cifra de um milhão de discos vendidos no Brasil pela Emi-Odeon, onde trabalhei entre as décadas de 1975 e 1985, ocasião em que foi lançado o LP *Claridade*, tendo a faixa "O mar serenou" atingido o primeiro lugar em todas as paradas de sucesso.

Nesse período, na gravadora, além da divulgação nas emissoras de rádio, fazia parte de nosso trabalho acompanhar e ser responsável pela agenda dos artistas nos programas de TV; portanto, passei a acompanhá-la, indo sempre buscá-la no aeroporto.

Clara se hospedava habitualmente no San Raphael, hotel na avenida São João, próximo ao largo do Arouche. Por tal proximidade, nos tornamos amigos, frequentando com regularidade o restaurante Família Mancini após o trabalho, onde ela já tinha uma mesa fixa e o garçom preferido. Algumas vezes íamos ao bar do Alemão, do Eduardo Gudin, outras, ao Boca da Noite, no bairro do Bixiga.

O famoso estilista da rua Augusta à época, Reinaldo, era quase exclusivo de Clara. Quando ela chegava ao aeroporto, já passávamos no Reinaldo, ela experimentava a roupa, ia para o hotel, e à noite gravava para os programas *Clube dos Artistas*, *Chacrinha*, *Almoço com as Estrelas*, além dos musicais para o *Fantástico*, dirigidos por Nilton Travesso.

Algumas vezes íamos jantar com o Chacrinha após as gravações. Ele estava sempre presente nos shows, que nesta época tinha o conjunto Nosso Samba a acompanhar Clara nas apresentações. Foi a convite dela que compareci à inauguração do Teatro Clara Nunes, no Rio de Janeiro, tendo a feliz oportunidade de, estando no camarote VIP, conhecer a divina Elizeth Cardoso, além de outras personalidades do *show business*.

Numa dessas suas vindas a São Paulo para cumprir a programação de TV, marcamos um churrasco em minha casa na Chácara Santo Antônio, em que estava também meu grande amigo, o sambista Roberto Ribeiro, que tinha gravado uma música em dueto com Clara ("Artifício"). Nesse dia de muita conversa, boas risadas, cerveja gelada e whisky à vontade, a felicidade era tão grande que não lembrei o compromisso da gravação para o programa do Chacrinha, e era meu trabalho levá-los até lá. Já estávamos duas horas atrasados, e não havia à época recursos para nos ajudar a aliviar os impactos de tamanho deslize, como celular, segurança, uma van especial, nada; tudo era feito no meu Fuscão.

Fomos para a TV Bandeirantes, na av. Brigadeiro Luís Antônio, e ao chegarmos lá a gravação estava parada, aguardando os artistas. Como era Clara Nunes, Chacrinha nem se alterou, ainda mais porque colocamos toda a culpa na ponte aérea, cujos atrasos eram uma constante. Saímos da gravação nesse dia, quero dizer, noite, e o Velho Guerreiro nos convidou para jantar. Lembro que estava ainda muito entusiasmado e falante num tanto, que Chacrinha pediu para eu fechar a boca.

No dia seguinte, fui apanhar Clara no hotel para outro compromisso; logo após, fomos almoçar, e no restaurante, o garçom perguntou o que eu iria beber. Respondi que queria suco de laranja, mas Clara soltou uma gargalhada e falou: "CERVEJA!". Eu ainda estava sem jeito pelo dia anterior — na verdade, com ressaca moral!

Outro fato marcante foi quando chegamos ao hotel e soubemos da morte de outra grandiosa cantora, Elis Regina. Lembro-me de que Clara sentou-se na calçada, em frente ao hotel, e ficou muito tempo chorando, sem acreditar no que havia acontecido.

Ainda está gravado em minha memória a missa de sétimo dia dela, na Catedral da Sé, para onde fomos acompanhados de Jair Rodrigues e Caçulinha. Todos estávamos muitos comovidos, quando Jair resolveu dar uma declaração que causou tremendo alvoroço, ao insinuar responsabilidade sobre a morte de Elis a um grupo presente de amigos dela, e como resposta, o grupo dizia que Elis dispensava a sua reza.

Não muito tempo depois, Clara Nunes faleceu. Eu estava no interior de São Paulo, e, impactado com a notícia, não tive coragem de ir ao Rio para dar o último adeus à minha grande amiga, estrela da música brasileira que brilha em forma de luz e canta como um sabiá.

3. LUIZ GONZAGA DO NASCIMENTO JR. — o Gonzaguinha

> *mas e a vida, e a vida o que é? diga lá, meu irmão, ela é a batida de um coração, eh oh, ela é uma doce ilusão, mas e a vida, ela é maravilha ou é sofrimento, ela é alegria ou lamento, o que é, o que é, meu irmão? É um sopro do criador numa atitude repleta de amor.*
>
> ("O que é, o que é")

A primeira vez que nos encontramos foi na Emi-Odeon. Ele tinha acabado de lançar o compacto *Geraldinos e Arquibaldos* — disco que tenho autografado e guardado com muito carinho, já que ele não gostava de dar autógrafo. Porém, sua dedicatória veio em forma de agradecimento pelo trabalho de divulgação e com o convite para que eu subisse ao palco com ele e fizesse uma percussão, pois seus primeiros shows em São Paulo foram somente voz e violão no Teatro da FGV. Carregamos caixa de som e, no primeiro dia, o show foi cancelado pelo próprio Gonzaguinha, pois o som estava horrível e o público, escasso... Gonzaguinha pediu desculpas e disse: "Voltem amanhã ou retirem seu dinheiro na bilheteria".

Foram anos de grande amizade e parceria.

Gonzaga Jr. não gostava de se hospedar em hotéis, preferia e sempre ficava em casa de amigos. Também gostava de viajar com seu próprio carro: uma Brasília II, de cor verde. Quando não podia estar com seu carro, gostava de dirigir o meu: um Passat, pois dizia, tirando sarro, que eu dirigia muito mal.

Com frequência, almoçávamos na churrascaria Boi na Brasa. Ele comia pouco e, generosamente, sempre chamava pela janela para sentar-se com ele à mesa e compartilhar daquele farto prato algum menino que rodeava a casa com o olhar faminto — o que causava incômodo tanto ao gerente como nos clientes. Seguíamos para o trabalho, e à noite sempre ia jantar na casa de algum amigo que o convidava.

Sua expressão fechada não revelava o grande ser humano, humilde e amigo que era. Guardo lembranças muito caras de seu jeito genuíno de ser. Certa vez, no programa *TV Mulher*, Marília Gabriela lhe pergunta: "Você fala de sexo com seus filhos?", ao que pronta e calmamente responde: "Sim. Chamei a menina e o menino e disse: 'sexo é uma questão de encaixe, você tem a chave, e ela a fechadura.'" — isto às dez da manhã, há quarenta anos.

Outro momento impactante foi a entrevista à Rádio Cidade. Quando chegamos ao prédio da rua da Consolação, ficamos sabendo que a emissora havia se mudado para a avenida Paulista. Se isso acontecesse com outro artista, certamente o caso seria levado à direção e poderia desencadear consequências sérias; não foi o que aconteceu — ao menos, até chegarmos ao novo endereço.

Nessa emissora havia um diretor que estabeleceu uma ordem proibindo a entrada de divulgadores. O novo regulamento definia que deveríamos deixar os CDs na recepção. Obedecendo ao tal regulamento e já o apresentando ao Gonzaguinha, disse-lhe: "Te espero aqui na recepção". Ele entrou, e enquanto se preparava para a gravação, Gonzaguinha permaneceu calado, esperando o entrevistador, que fez a primeira pergunta: "Gonzaguinha, qual é a sua linha?". Ao que ele respondeu: "Eu não sou carretel!". O entrevistador ficou desconcertado, e a entrevista foi horrível; mas ele tirou de letra.

No dia seguinte, ao chegar à gravadora, o gerente me chamou e disse que o diretor da rádio havia ligado lá e dissera que eu não fiz o meio de campo, deixei-o sozinho com o artista. E então o gerente o recordou de que eu havia somente cumprido as determinações da emissora. Mais tarde, de certa forma, ajudei a mudar a desconfortável situação imposta aos divulgadores lá.

Teve o episódio em que o SBT prestou uma homenagem ao Gonzagão, contando com a presença de Gonzaguinha e todos os familiares. Quando cheguei a ele, já havia terminado a gravação; estavam todos no camarim, e foi ali que tive o grande prazer de ser apresentado ao "Seu Lula, o Rei do Baião". Outro programa de que ele gostava de participar era o do programa do Chacrinha, principalmente porque tinha amizade com algumas das Chacretes, e era por elas também muito admirado, porque escrevia muito bem sobre a alma feminina.

Outra passagem divertida foi quando o convidei para participar do lançamento do CD de Roberto Ribeiro, na quadra da escola de samba Mocidade Alegre; lembro que nos divertimos muito naquele dia.

Por aqueles tempos, saíamos à noite no Bixiga, frequentando o Boca da Noite, um bar pitoresco que costumava reunir os novos talentos e os grandes nomes da MPB, que não raro apareciam para dar uma "canja".

E não me esqueço da emoção que senti quando, certa tarde, ele me mostrou ao violão a composição que havia feito para sua mãe Odaléia Guedes dos Santos, cantora da noite carioca que morrera de tuberculose aos 22 anos, quando ele tinha apenas 2 anos de idade. A música está no CD *Recado*, da Emi-Odeon.

Em outra ocasião, fui convidado por ele a assistir no RJ, nos estúdios da Odeon, à gravação do LP *Vida de viajante* com uma plateia seleta, praticamente formada por artistas amigos.

Outra passagem marcante com ele foi num encontro em Porto Alegre. Isto deveria ser em 1985; estava com Jamelão, que faria um show à meia-noite numa quadra de escola de samba, e Gonzaguinha ia se apresentar em um teatro às 21h. Logo, convidei Gonzaguinha para ir ao show de Jamelão.

Jamelão no palco, cantando havia quase meia hora, e fui chamado num canto por um representante da escola dizendo que Gonzaguinha estava lá. Ele logo subiu ao palco onde eu estava e eu lhe perguntei se gostaria de cantar, e ele concordou de imediato. Falei com Jamelão para chamá-lo, ao que ele disse: "Ele que espere! Nunca me chamam para nada". Quase no final do show, Jamelão me passou o microfone e chamei Gonzaguinha, que cantou à capela seu grande sucesso "O que é, o que é", que se confirmou ali, pelo coro do público presente, o mais lindo que já ouvi.

O público, então, pediu "mais um", ao que ele respondeu, muito humildemente: "O show de hoje é do Mestre Jamelão!". Este show trago registrado na única foto que tenho junto do amigo Gonzaguinha durante os dez anos em que nutrimos nossa amizade e trabalhamos juntos; por isso, um momento marcante da minha vida.

Numa outra ocasião, quando ele ainda morava em Belo Horizonte, fui até lá acertar um show com ele que estava programado para acontecer em Campinas; nessa época, ele estava fazendo uma série de shows "voz e violão". Acertamos o cachê e fiquei de passar as datas para ele.

Voltei para São Paulo e dias depois liguei para sua casa para acertar os últimos detalhes. Fui informado de que ele estava no Paraná e que retornaria dois dias depois. Era um tempo em que não existia celular; teria de aguardar sua volta a BH. Assim, naturalmente, aguardei a passagem dos dias para retomar com ele o contato.

Na manhã do dia seguinte, 29 de abril de 1991, eis que fui acordado com uma notícia devastadora pelo rádio: "O compositor e cantor Gonzaguinha morreu nesta madrugada no Paraná, vítima de acidente na estrada que liga a cidade de Francisco Beltrão a Foz do Iguaçu, para onde seguia, juntamente com dois amigos, rumo ao aeroporto, onde tomaria o avião que o levaria de volta a BH". Entrei em estado de choque, pelo amigo e pela proximidade de nossa conversa ante a expectativa de um contato iminente.

Ao relatar esse episódio tão triste, imediatamente me lembrei do presente que Gonzaguinha me deu, e do qual comentei no começo deste relato.

Quando o conheci na gravadora Emi-Odeon, ele me deu o LP por ocasião do meu trabalho de divulgação desse material, e no qual autografou com os seguintes dizeres:

"Niltão, você dirige mal pacas! Quero ver você subir ao palco e enfrentar uma percussão". Inconformado, naquele momento da notícia, pensei: "E você morreu dirigindo, não é possível!".

Hoje quando vejo a capa do LP, me vem à lembrança nossa amizade e toda a história deste que foi um dos grandes artistas do Brasil, personalíssimo e, na minha opinião, pouco reverenciado e nada executado, que deixou um grande legado para a cultura do Brasil, a considerar sua militância e produção musical contra a ditadura militar. Nos tempos de chumbo, quando se apresentava cantando a música "Esse é um país que vai pra frente", ele andava para trás no palco. Um autêntico e genuíno educador artístico-musical que, com sua obra, dizia o que tentavam silenciar.

Partiu precocemente, deixando-nos culturalmente órfãos.

4. JOSÉ RUBINATO — Adoniran Barbosa

> *Moro em Jaçanã, se eu perder este trem que sai agora às onze horas, só amanhã de manhã, e além disso, mulher, tem outra coisa, minha mãe não dorme enquanto eu não chegar...*
>
> ("Trem das onze")

Em 1958, então com dez anos de idade, vim com meus pais e irmãos para morar no bairro do Jaçanã, em São Paulo, onde permanecemos por dois anos. Por esses tempos, era um grande sucesso do rádio o programa humorístico na Rádio Record em que Adoniran Barbosa interpretava o Charutinho. Era o nosso programa preferido da época, momento em que todos nos reuníamos ao redor do velho rádio e dávamos boas gargalhadas juntos.

O tempo passou, e num desses giros da vida, trabalhando no meio artístico, conheci Adoniran Barbosa e acabamos nos tornando amigos e, mais tarde, vizinhos na Cidade Ademar, bairro da Zona Sul de São Paulo, onde fui morar na casa de meus tios.

Quando eu ia para o centro da cidade, depois das 10h, sempre passava pela casa do Adoniran e íamos juntos no meu carro; nesta época, ele já era contratado pela gravadora e muito respeitado e admirado por todos.

Participei do projeto de seu LP de setenta anos, que teve missa de ação de graças no Bixiga, partida de futebol com direito a chute inicial, e muita cerveja. Desse projeto, participaram também os principais artistas da gravadora, como Clara Nunes, Roberto Ribeiro, Clementina de Jesus, Carlinhos Vergueiro, Djavan.

Todos gostavam de estar com ele e poder desfrutar de sua companhia e de suas histórias tão cheias de ensinamentos. Por trás de sua estampa de homem austero, havia uma pessoa sensível, que sempre tinha uma palavra paternal; por exemplo, sempre nos dava conselhos sobre como tratar a esposa, "deixar sempre um dinheiro na mesa de cabeceira para ela não precisar se sentir diminuída por precisar pedir". Também gostava de confeccionar brinquedos com arames, especialmente bicicletas e maria-fumaça.

Sempre que podíamos, e era com relativa frequência, almoçávamos juntos, pois tínhamos verba da gravadora para isso. Certo dia, estávamos almoçando num restaurante na Bela Vista, próximo à sede do diretório do PT, e Lula entrou no restaurante. Quando o viu, abriu os braços e disse: "Adoniran, faz uma música para mim!". Adoniran, sem pestanejar, respondeu com sua voz grossa e de modo cirúrgico: "Eu não gosto de política!". No mesmo instante, fez-se um silêncio incomodativo e instalou-se um certo mal-estar. Lula sorriu e sentou-se na mesa ao lado, e não se falou mais nada a respeito.

As histórias com ele são sempre lembranças de episódios engraçados, nem tanto pelo humor, mas mais por seu sarcasmo.

Outra dele é que gostava muito de tomar licor Cointreau após o almoço, hábito que graças a ele me acompanha até hoje, mas tínhamos de pedir a conta primeiro e pagar; depois, ele pedia o licor e dizia com aquele vozeirão: "Se cobrar, a gente não volta mais!". E ele fazia isso em todas as ocasiões em que o acompanhei nos almoços e/ou jantares. Isso sem contar os cigarros, que ele também não gostava de comprar. Sempre pedia um para o fumante mais próximo.

Após o almoço, havia um lindo sofá de couro no prédio, que a direção da rádio já deixava para ele tirar sua soneca.

Certa vez, fui acompanhá-lo numa gravação da música "Tiro ao Álvaro" com Elis Regina para o *Fantástico*, no bar Igrejinha, no Bixiga, acompanhado pelo Regional do Caçulinha, produção de Nilton Travesso. Quando terminou o canto, vaidoso, ele pergunta: "Ficou bom?". Isto está no disco; é possível conferir.

Adoniran faleceu vítima de complicações pulmonares no ano de 1982. Lembro-me de ter ido ao enterro e encontrado vários amigos, entre eles o ídolo Antônio Marcos, que, desolado, propôs: "Saindo daqui, vamos parar no primeiro bar e beber umas e outras em homenagem ao grande mestre Adoniran Barbosa". E assim brindamos a vida de Charutinho, o filho do imigrante italiano, João Rubinato.

Uma lembrança material importantíssima que trago comigo com muito carinho é um LP autografado por ele.

5. WANDERLEY ALVES DOS REIS — Wando

> *Você é luz, é raio, estrela e luar, manhã de sol, meu iaiá meu ioiô, você é sim e nunca meu não...*
>
> ("Fogo e Paixão")

Wando e eu nos conhecemos na gravadora Beverly, em São Paulo, nos anos 1970. Ele tinha acabado de chegar de Minas Gerais trazido por Nilo Amaro, fundador e integrante do conjunto vocal Nilo Amaro e Seus Cantores de Ébano. Quem é jovem há mais tempo deverá se lembrar do grande sucesso "Uirapuru".

Em São Paulo, Wando começou a cantar em casas noturnas, com destaque para a Casa Forte, reduto de ótima música e de grandes músicos. Ele, que já era conhecido em sua terra natal, Viçosa e região, morou e trabalhou em Volta Redonda, no Rio de Janeiro, onde foi feirante e músico de conjunto de baile.

Ao deixar sua terra, trouxe na mala algumas canções, entre elas, "O importante é ser fevereiro" e "Se Deus quiser", gravados por Jair Rodrigues. Na gravadora Beverly, onde eu trabalhava como divulgador, Wando gravou seu primeiro compacto simples com as músicas "Maria, Maria" e "Ferroviário", sendo esta vencedora no festival de música de Ourinhos, interior de São Paulo — lembro-me de que participei do coro na sua apresentação ao vivo na eliminatória do festival e depois na premiação.

Por esses tempos, Wando ainda não havia alcançado o sucesso e o prestígio que ele conheceria muito mais tarde; por essa razão, tudo era muito simples na vida do mineiro; aliás, para nós dois, vindos das mesmas Minas Gerais. E nos identificamos e ficamos tão amigos a ponto de dividirmos juntos uma pensão, na rua dos Bandeirantes, no bairro do Bom Retiro.

Ao final de um ano, já tínhamos nos mudado para um apartamento na avenida Brigadeiro Luís Antônio, colado ao então Teatro Paramount, para onde, juntamente conosco, também foram os amigos e parceiros da vida Cléo Galante, Acácio Soares e Ângelo Máximo.

A carreira dele foi se firmando e, com o diretor Mocarzel, Wando gravou seu primeiro LP com arranjos do maestro Waldemiro Lemke, tendo a música "Moça" como o grande sucesso.

Não foi nada fácil inserir a música dele na rádio, pois ele tinha muito trabalho noturno e lhe faltava tempo para se dedicar à divulgação do próprio sucesso; mas, quando chegou, o artista estava pronto.

Nessa fase, andávamos sempre juntos, no trabalho e também nos divertindo pela noite paulistana. Nossos passeios, aliás, eram sempre ocasiões de alguma surpresa inesperada.

Somente com o dinheiro que recebia dos direitos autorais, Wando comprou um Opala do cantor Morris Albert, e fomos para Congonhas do Campo (MG), para o casamento de um dos filhos de Zé Arigó, grande líder espiritual e seu amigo pessoal.

Na nossa cabeça, apesar de nenhum dos dois ter habilitação para dirigir, a viagem tinha tudo para dar certo, mas — sempre tem um "mas" —, eis que na entrada da cidade de Barbacena nos deparamos com uma barreira policial que era muito rígida e parava quase todo mundo.

Pouco antes da tal barreira, avistamos um guarda acenando e pedindo carona; de bate-pronto, decidimos fazer a boa ação, e achamos que passaríamos sossegados pela blitz; mas, para nosso desespero, dois quilômetros para a frente, ainda antes da barreira, o guarda gentilmente agradecera e anunciara que ia descer. Seguimos com o coração na mão e pedindo aos santos. Pedido atendido, passamos a salvo pela barreira.

Tudo transcorreu bem na festa, e na volta o prefeito destinou um motorista da prefeitura para nos levar de volta a SP.

Com muito trabalho por parte da equipe de divulgação, a música "Moça" começou a tocar nas rádios e foi um grande sucesso também como tema de novela.

Foi por esses tempos que Wando saiu do apartamento para casar, indo morar no bairro dos Jardins sem que tivesse nos avisado antecipadamente, o que não foi muito bem visto pelos colegas de apartamento, pois contávamos com sua parcela na divisão das despesas de manutenção e aluguel do apartamento; mas, ao final, tudo voltou ao seu lugar.

Depois de uma longa estada em São Paulo, Wando mudou-se para o Rio de Janeiro e foi contratado pela gravadora Polygram. Emplacou, a partir daí, vários sucessos, tendo inclusive uma música gravada pelo rei Roberto Carlos: "A Menina e o Poeta", o que lhe conferiu reconhecimento nacional.

Ficamos algum tempo sem nos ver, por força dos compromissos de trabalho que nos separaram. Ele já era a grande atração da casa de shows Asa Branca, na Lapa (RJ), mas todas as vezes em que eu ia ao Rio, ele me recebia muito bem, com toda mordomia e carinho.

A última vez que nos encontramos foi em São Paulo, no Bar Brahma. Quando soube da minha presença, parou o show, pediu para que acendessem as luzes e fez um agradecimento ao meu trabalho e empenho com sua carreira.

Ao longo desses anos todos de trabalho, não tínhamos uma foto juntos. Nesse dia, tiramos a foto e trocamos telefone. Fiquei feliz por vê-lo depois de tanto tempo; estava o mesmo.

Não demorou muito tempo, e em 2012 partiu, fora do tempo combinado, como costumava dizer nosso amigo Boldrin.

6. JAMELÃO

> *Quem sou eu, pra ter direitos exclusivos sobre ela, se eu não posso sustentar os sonhos dela, se nada tenho e cada um vale o que tem...*
>
> ("Matriz ou Filial")

A primeira vez que ouvi falar o nome de Jamelão eu devia ter uns 10 anos de idade. Meu tio Jair Marciano todo mês, quando recebia o pagamento, comprava dois LPs, e sempre que havia lançamento do Jamelão a loja já reservava o dele — no caso, "nosso", pois aos fins de semana minha avó, pai, mãe, tio e irmãos ouvíamos os LPs numa vitrola alta fidelidade, a novidade sonora da época.

Mais tarde, trabalhando em São Paulo já no meio artístico, conheci o artista Jamelão na TV Tupi e, anos depois, já como gerente da gravadora Continental, pela qual a maior parte de sua discografia foi produzida, tive a oportunidade de trabalhar diretamente com ele. Como eu era gerente de *cast*, Jamelão fazia parte do time sob minha responsabilidade artística. Ali, do contexto profissional para a amizade foi um pulo!

Embora já soubesse do temperamento forte do mestre Jamela, sempre emburrado e de poucas palavras, de vez em quando me surpreendia com as piadas e os "causos" que contava.

Por ocasião da gravação do LP em que cantou somente músicas de Lupicínio Rodrigues — seu compositor preferido —, cuidei da imagem e da capa do disco, uma vez que queria lhe dar um tratamento diferenciado por seu talento, nome e tempo de carreira e de vida. A essa altura, ele já estava com mais de 80 anos. Assim, fizemos um plano de divulgação nacional juntamente com a gravadora, começando por Porto Alegre. Foi um sucesso!

Viajando muito com ele, pude colecionar boas histórias. Na divulgação do show de lançamento, em entrevista à TV Globo local, encontramos Almir Guineto que, ao ser entrevistado, foi indagado por um repórter: "Almir, qual a diferença entre pagode e samba?". Ele singelamente respondeu: "Ah, no pagode, usamos banjo, tantan... é diferente". Quando o mesmo repórter se dirigiu a Jamelão dizendo o que Amir havia dito a respeito das diferenças entre os dois gêneros, querendo saber dele a sua opinião, Jamelão então disse: "Eles não sabem nada. Pagode é festa, não é ritmo".

Nesse mesmo dia encontramos Gonzaguinha, meu amigo e parceiro de trabalho, e o convidei para ir ao show de Jamelão depois que terminasse seu show no teatro. É comum numa visita como esta o produtor perguntar se o visitante gostaria de cantar uma ou duas músicas, obviamente com o aval do artista do show. Passaram-se trinta, cinquenta minutos, uma hora, e nada de Jamelão chamar Gonzaguinha, que estava de boa assistindo e curtindo o show. Na primeira oportunidade de um intervalo, eu me aproximei de Jamelão e disse: "Gonzaguinha está esperando o senhor chamá-lo já faz tempo", ao que ele, sempre parecendo ser mal-humorado respondeu: "Ele que espere, nunca me chamam para nada!". Depois, como relatei nas minhas histórias com Gonzaguinha, Jamelão permitiu que o menino cantasse.

Quando estávamos em São Paulo, vivíamos juntos; ele ia algumas vezes a minha casa almoçar, assistir ao jogo do Vasco, bater papo e, hoje, eu, mais experiente, entendo: experimentar o aconchego de sentir-se em família, em uma família preta. Ele demonstrava gostar bastante de estar junto aos meus filhos. Com seu jeitão aparentemente seco e indiferente, não resistia aos afetos do meu caçula, Gustavo, que ainda era bem pequeno e gostava de ficar em seu colo, passando as mãos em sua cabeça e bagunçando o cabelo que lhe restava.

Em 1986, nos encontramos na Bahia, na festa da Lavagem do Bonfim; deparei-me com ele trajado cuidadosamente com o habitual terno branco, conforme o costume da tradição religiosa, e com sua máquina fotográfica no pescoço registrando tudo. Atraindo devotos de toda a Bahia e arredores, a festa seguia animada em frente à igreja, quando num certo momento o carro de som começou a tocar um fricote, ritmo musical frenético da época.

Não deu tempo de ele guardar a máquina, que caiu no chão. E antes que algum de nós pensasse em abaixar para apanhar o equipamento, a multidão já se agitava ao ritmo da música, pisoteando com força tudo o que pelo chão estivesse. E lá se foram todas as fotos da festa, que seguiu para Jamelão sem registro e com uma dose a mais de mau humor; isto o deixou muito bravo.

No dia seguinte, convidei-o para almoçar comigo no Hotel Mar Azul, na Barra, para se distrair um pouco e amenizar a lembrança do episódio desastroso do dia anterior; na época, ele só gostava de ficar no bairro Boca do Rio. Ao chegar ao hotel, me encontrou na área da piscina aos cuidados de uma cabeleireira que trançava meu cabelo, estilo por mim adotado por certo período naquele momento. Quando me viu, não conseguiu disfarçar sua indignação com aquela cena para ele incomum: um homem com tanto esmero com os cabelos sendo cuidados por uma mulher. Entendamos que Jamelão era um homem antigo. Chegou bem pertinho de mim e soltou: "Virou viado agora?!!!". Com respeito, compreensão e bom humor, não interrompi suas reprimendas, e logo ficou tudo bem.

Em outra ocasião, estava eu a trabalho com amigos radialistas em Salvador e vi um cartaz na recepção do mesmo Hotel Mar Azul com os seguintes dizeres: "SHOW DO JAMELÃO NO SALÃO, SINDICATO DAS COSTUREIRAS". Eu só combinei com os amigos, assim entusiasmado: "Vamos lá, Jamelão é como se fosse meu pai, e vocês são meus convidados".

Era pelo ano de 1988, num contexto histórico-cultural em que não havia os obstáculos que há hoje em relação aos artistas. Então, chegamos cedo ao local do show e logo fui revestido de alta autoestima e segurança, e, devido à semelhança física que eu acreditava aparentarmos, perguntei ao porteiro: "Meu pai já chegou?". O porteiro quis saber: "Quem é seu pai?". E eu, todo confiante, respondi: "Jamelão". "Já vou chamá-lo", não titubeou o rapaz.

Demorou quase nada, ouvimos aqueles passos pesados e a voz grave: "Eu não tenho filho nenhum na Bahia". Os seguranças já ficaram em alerta, a porta se abriu e ele deu de cara comigo, dizendo, para meu alívio: "O que você está fazendo aqui?". Os seguranças, o porteiro e a rapaziada ficaram olhando a reação dele, que disparou: "Deixa ele entrar".

Pouco depois, lá dentro, já devidamente acomodados, ouvimos alguém ao microfone anunciar que o filho do Jamelão estava presente. Eu, bem sem graça, levantei meio corpo e ergui o braço acenando para o público. Sem deixar escapar a oportunidade de mostrar sua autoridade, o mestre Jamela me entregou uma caixa repleta de LPs que levara para vender ao final do show, dizendo: "Soldado no quartel em dia de folga quer serviço". Quando subiu ao palco, foi logo anunciando que os discos para venda podiam ser adquiridos comigo.

O show transcorreu como o esperado, apesar de duas horas ininterruptas de apresentação. Ao final, eu na venda dos LPs, Jamelão autografando, fixei os olhos numa mocinha baiana brejeira que caminhava na minha direção com o pedido mais singelo que já tinha ouvido: "Você pode dar um disco do seu pai para a minha mãe? Ela é muito fã dele, mas a gente veio desprevenida, não sabia que teria venda do disco." Diante de tanta brejeirice, para fazer bonito para a mãe e de olho na filha, voltei-me cuidadosamente para Jamelão, já com um exemplar do disco na mão disparando, baixinho, o meu pedido: "Pai, você pode autografar esse aqui para a sra. Maria, mãe da srta. Joana?!". Para meu alívio, a resposta que ele me deu me arranca risos até hoje, todas as vezes que lembro. Ele me disse, sem ter qualquer pena de mim: "Ser seu pai, tudo bem! Agora o disco você vai pagar". Esse temperamento do saudoso Mestre Jamelão era sua marca.

Vários outros episódios relembramos por muito tempo nas noitadas de Sampa, particularmente no extinto restaurante Parreirinha, onde com frequência nos encontrávamos. Nossa convivência se estendia para além da relação profissional.

No Peruche, apresentei ele ao amigo Waltinho, presidente da escola em que desfilamos juntos em duas ocasiões, com ele interpretando o samba-enredo juntamente com Eliana de Lima. "Puxador de samba nem pensar!"

A carreira de Jamelão foi longa e trabalhosa. O mestre atravessou o século XX: viveu 95 anos, entre 1913 e 2008, e, portanto, viu e sentiu na pele o preconceito, a discriminação e o racismo reinantes no meio artístico de que fez parte, à época, e as práticas desta violência decorrentes. Certamente, seu temperamento forte, e em muito considerado rude, forjou-se como forma de proteção e sobrevivência ao meio.

São várias as situações vivenciadas com ele ao longo de tantos anos de amizade. Pela gravadora Paradoxx, da qual fui sócio-fundador por uma década, produzimos Jamelão com o famoso CD da lata da Gaviões da Fiel, com a participação de vários artistas.

Esse trabalho também foi marcado por um episódio com a marca do mau humor do mestre: ficou acertado que todos ganhariam um cachê X para cantar uma música. Jamelão foi o último a colocar voz e quando soube, através do amigo Walter Guarilho, do Peruche, que o material gráfico já estaria pronto, resolveu alterar o combinado dizendo que se não pagassem X+Y não iria gravar. Não adiantou repetir o combinado ou argumentar as razões. Ele se manteve irredutível.

Ponderamos, então, que ficaria mais caro descartar o material gráfico do que pagar o cachê superfaturado que ele pedia. Depois de difícil negociação, que resultou inútil, pagamos o que ele queria, o que me colocou em grande indisposição com os outros dois sócios, que, por estarem em viagem no exterior, não participaram daquela decisão.

Esse fato me aborreceu e motivou meu afastamento por certo período de Jamelão e Waltinho.

Tempos depois, voltamos a trabalhar juntos novamente já pelo meu selo OBI Music, num projeto idealizado por mim para homenageá-lo pelos seus 90 anos: "Jamelão e convidados". Contratei Djavan, Emilio Santiago e Peri Ribeiro, que se entusiasmaram em dividir uma faixa com Jamelão que, de início, não queria, alegando, vaidosamente, que a crítica poderia declarar que ele não estava mais aguentando cantar só e que "precisava de sombra" para produzir e vender.

Com muito custo e a oferta de um bom cachê, consegui convencê-lo do projeto com contrato para um único CD. Para dar prosseguimento ao projeto, contratei o então iniciante e já talentoso maestro e arranjador Lua Lafaiette.

Seguimos na organização de tudo antes que ele mudasse de ideia, o que não seria difícil ocorrer, já que o temperamento arrojado e intempestivo dele, em diversas ocasiões e com outras gravadoras, também dificultou projetos e tratativas, inviabilizando trabalhos inovadores e criativos, a despeito de seu grandioso talento e referência como intérprete de samba e canções românticas, com destaque para as dos igualmente grandiosos no seu gênero, Lupicínio Rodrigues e Francisco Alves.

A informação da produção de um CD com Jamelão e convidados vazou, despertando a curiosidade da grande mídia que, a uma semana de entrarmos nos estúdios, ligou para a assessoria da gravadora. Atendi ao jornal *O Globo*, oferecendo as informações sobre quem seriam os convidados e quais músicas seriam cantadas. No dia seguinte, uma página no jornal *O Globo* fez o desserviço: uma matéria — cuja página do jornal tenho guardada até hoje — com a seguinte chamada: "Jamelão tem de engolir dueto para poder gravar".

Ao chegar ao escritório, por volta das dez horas, ele já estava lá, e a saudação de bom-dia veio assim: "Não te falei? Te avisei. Não vou gravar mais nada!". Somente depois de muita conversa e de fazê-lo entender que a desistência poderia me prejudicar e que se ele preferisse, então, poderíamos fazer o trabalho somente com ele, sem convidados, ele topou seguir, mas sob uma condição: "Antes de lançar, eu quero ouvir o resultado final!".

Iniciamos as gravações no Estúdio 43, em São Paulo, no bairro do Jaçanã. Jamelão solicitou que trouxéssemos um pianista do Rio, que sempre o acompanhava em suas gravações, e assim foi feito. Ele gravou todas as bases do CD, um repertório devidamente escolhido por mim e por ele, na sua suíte no Hotel Timbiras, onde se hospedava quando vinha a São Paulo.

Com as bases gravadas, o maestro Lua Lafaiette fez os arranjos com os principais músicos de estúdios de São Paulo, com violinos, sopros e coro, uma mixagem cuidadosa e uma masterização super moderna. Depois do máster pronto, fiz uma cópia. Aluguei um estúdio no Rio de Janeiro e fui para lá acompanhado do meu advogado, o Dr. Airton Coelho, com a minuta do contrato para assinatura do Jamelão.

Todo o pessoal ali presente na audição manifestou satisfação e elogiou muito o trabalho. Ao final da audição, mestre Jamelão apertou minha mão e disse: "Não pensei que você fosse fazer tudo isso!". Assinou o contrato, e o CD finalmente foi lançado pelo nosso selo OBI.

Este foi o último CD de Jamelão, que, apesar do trabalho, nos deu muita satisfação.

Por esse tempo, organizamos uma festa na extinta casa de show Palace, para lançamento da gravadora Obi Music, ocasião perfeita para lançamento também do CD de Jamelão, que se recusou a participar.

Fizemos o lançamento do CD no Bar Brahma, em São Paulo, para o qual contatei meu amigo jornalista Chico Pinheiro, que gentilmente foi para apresentação do artista, que cantou, mas se recusou a falar sobre o produto.

Em outra situação, no programa da Hebe Camargo, quando ela mostrou o CD e quis saber a respeito dele, Jamelão, sem qualquer disposição para tratar sobre o assunto, disse: "Isso é coisa do Niltão".

Uma semana depois, o CD — cujo nome inicialmente seria "Jamelão, quanto mais velho melhor", o que ele certamente não aceitaria, acabando por ser intitulado "Jamelão, cada vez melhor" — acabou vencendo o Prêmio TIM de melhor CD do ano, em 2003; a gravadora levou o de melhor CD, e o Lua Lafaiette, o de melhor arranjador.

No dia da premiação, estávamos lá na festa no Theatro Municipal do Rio de Janeiro, mas sem a presença do mestre Jamelão, que enviou o sr. Álvaro, representante da Mangueira.

7. DJAVAN

Meu bem querer/ É segredo, é sagrado/ Está sacramentado em meu coração/ Meu bem querer/ tem um quê de pecado/ acariciado pela emoção/ meu bem querer, meu encanto/ tô sofrendo tanto/ amor, e o que é o sofrer/ Para mim que estou/ Jurado pra morrer de amor...

("Meu Bem Querer")

Conheci a obra e o talento de Djavan Caetano Viana no festival da Globo em 1975, Nova Música Brasileira, no qual conquistara o segundo lugar. Fato consumado, passei a acompanhar a carreira do artista, que em seguida lançou o LP *A voz • O violão • A música de Djavan*, pela gravadora Som Livre, com destaque para o grande sucesso que foi a música "Flor de Lis".

Em 1978, eu já estava na gravadora Emi-Odeon, na qual tinha definido meu perfil musical de acordo com meus contatos e amizades nos meios de comunicação, e trabalhava com os principais e mais sofisticados produtos da gravadora. Nesse ano, ele lançou seu LP *Djavan*, sendo o primeiro produto dele em que trabalhei.

Quando Djavan veio para realizar o trabalho de divulgação em São Paulo e fui buscá-lo no aeroporto, imediatamente rolou uma identificação e empatia do fã divulgador para com o artista.

O primeiro programa que agendamos foi o *Clube dos Artistas*, comandado e apresentado por Airton e Lolita Rodrigues. Neste programa se apresentavam os grandes nomes do momento e os primeiros lugares nas paradas de sucesso, como se dizia à época, além de uma grande revelação ou artista que tivesse apoio da gravadora, com um produto bem aceito pelos críticos musicais. Acontecia às sextas-feiras e era transmitido ao vivo pela TV Tupi, no bairro do Sumaré, em São Paulo.

No ensaio de Djavan com a orquestra dirigida pelo maestro Luís Arruda Paes, a reação dos músicos foi de súbito encantamento e admiração, e todos ficaram imediatamente empolgados com a música, sonoridade, batida e acordes do violão dele, bem como seu modo diferente de cantar, aliado à sua irretocável afinação.

Nessa noite, fomos jantar no restaurante da Tupi e na sequência fomos para o camarim, de onde logo acudiram as camareiras perguntando se ele precisava passar ou ajeitar a roupa para a apresentação; daí perguntei ao Djavan: "Sua roupa para a apresentação?", e ele tirou de uma bolsa uma camisa bem ao seu estilo e entregou à passadeira que, num riso maroto, disparou: "Ele trouxe a camisa numa garrafa". A calça era a mesma que estava no corpo. E este era jeito simples e autêntico do jovem Djavan!

Airton e Lolita moravam próximos à Tupi e nunca tinham ouvido falar do artista; só o conheciam pelo breve *release* enviado previamente pela gravadora e pelas notas elogiosas das críticas.

O que se segue é a descrição de uma cena inusitada: o casal não utilizava camarim na Tupi, já vinham prontos de casa; naquela noite, em preparação para mais uma apresentação do programa, a filha do casal, Silvinha, como habitualmente fazia, perguntou à mãe: "Mamãe, quem são os artistas que vão se apresentar hoje no programa?". Lolita deu o roteiro para a filha, que bateu os olhos no nome de Djavan e de pronto advertiu: "Mamãe, este rapaz é o máximo, é a nossa promessa da MPB, cuide bem dele!!". Ao ouvir isso da filha, Lolita imediatamente expressou a Airton seu desejo de apresentar essa novidade ao público.

Programa no ar, chegou a hora de Djavan ser anunciado. Lolita, só entusiasmo, começou sua apresentação:

"Quando saí de casa, minha filha me recomendou: 'Mamãe, cuide bem desse rapaz, que ele é o máximo! Ele está sendo muito bem comentado pela imprensa'. É então com este carinho que apresento a vocês Daijavan!!!". Palmas e algumas risadas, mas o auditório nem notou essa pronúncia, pois seu nome ainda nem era familiar para o grande público.

Saímos dali para o hotel e juntos demos muitas risadas disso.

Aos sábados, ia ao ar o *Almoço com as Estrelas*, também apresentando por Lolita e Airton Rodrigues; o nome de Djavan já estava programado para o programa, e agora já era pronunciado corretamente e com muito destaque.

Essas apresentações foram importantes na divulgação do artista, já que eram transmitidas para todo o país. A partir daí, as emissoras de rádio mais elitizadas passaram a programá-lo.

Era o caso da Jovem Pan, por exemplo, onde estava o crítico e produtor musical Zuza Homem de Mello, líder de audiência às 17h com uma programação cuidadosamente selecionada. Zuza foi o primeiro a executar na rádio o repertório do disco na íntegra, o que contribuiu muito para o sucesso dele.

Quando foi gravar seu segundo LP pela Odeon, Djavan veio a São Paulo participar das festividades de final de ano na sede da gravadora em São Bernardo do Campo; na ocasião, em conversa com o artista, falamos sobre a gravação do novo disco, e eu sugeri que ele gravasse mais sambas, pois seu balanço e *swing* ao violão eram diferenciados e muito comentados no meio artístico e pelo público que já consumia o seu trabalho. Ele então me disse, tomado de entusiasmo: "Quero te mostrar minhas novas composições e algumas parcerias; você vai se surpreender!".

Quando saiu o álbum, que recebeu o título de *Alumbramento*, com participação da banda Sururu de Capote — que passou a acompanhá-lo em suas apresentações —, teve como parceiros para composição do repertório nomes como o de Chico Buarque e Filó Machado, apresentados a Djavan por mim no bar Boca da Noite, e também outro bambambã na arte de compor, Cacasu, cuja faixa "Meu bem querer" se tornou tema da novela global *Coração Alado*.

Nesse período, Djavan foi a Angola com diversos artistas brasileiros, entre os quais Chico Buarque, Clara Nunes, Martinho da Vila e muitos outros nomes da MPB. Lá, compôs algumas músicas e adotou o *look* de tranças, tornando-se o primeiro artista da MPB a se apresentar com esse visual.

Numa de suas vindas a São Paulo para divulgação do LP, eu estava trabalhando a divulgação do Roberto Ribeiro que, no momento, era o grande vendedor de discos da gravadora, e não pude realizar o trabalho de divulgação com Djavan. Assim, outro divulgador, Tadeu Negreiros (*in memoriam*), foi escalado para acompanhá-lo.

Como havia horários vagos na agenda, Djavan pediu-lhe que o levasse até à rua Direita, em uma loja de instrumentos musicais, pois estava interessado na aquisição de um novo violão. Enquanto olhavam as vitrines, foram abordados por policiais militares que faziam a ronda na região. Ao verem dois negros olhando aquela vitrine, foram logo ordenando mãos à cabeça e tomando a mochila do Djavan. Vasculharam, encontraram alguns dólares que trazia para a compra do violão, pois neste momento os instrumentos eram vendidos em dólar, e também havia algumas notas de dinheiro angolano, o que foi o bastante para levá-los para o distrito para averiguações — além de estarem ambos sem a carteira profissional.

Ficaram detidos por algumas horas, sendo-lhes permitido ligar para a gravadora, que imediatamente enviou seu advogado, e assim foram soltos sem maiores explicações.

A gravadora tinha por prática hospedar os artistas no Hotel Rojas, na avenida São João, que atende até hoje no mesmo endereço. Quando cheguei à noite ao hotel com Roberto Ribeiro, encontrei Djavan muito chateado na recepção do hotel, querendo ir embora de volta para o Rio de Janeiro. De pronto, sugeri ao Roberto que fôssemos jantar no Gigetto e convidássemos o Djavan para nos acompanhar, e ele, demonstrando gratidão pelo convite, aceitou sem mais delongas.

Chegando ao restaurante, logo pensei em ligar para o jornalismo da TV Globo para relatar o acontecido. Nessa época, por conta do trabalho de divulgação dos artistas pertencentes a um *cast* seleto de cantores, eu já era muito bem relacionado com as mídias, de modo que não encontrei dificuldade em contactar e ser atendido pela emissora, que ficava localizada na praça Marechal Deodoro; assim, liguei e logo em seguida retornaram a ligação. Era o repórter Carlos Tramontina informando que iria ao Gigetto, onde estávamos à sua espera para fazer uma matéria com Djavan sobre o acontecido.

Quando a equipe de reportagem chegou, o responsável pelo restaurante disse que não podia permitir que se fizesse entrevista dentro do estabelecimento, e, sem hesitar, fomos para a calçada defronte ao restaurante, onde Djavan relatou como tudo aconteceu. Ao final da matéria, Tramontina quis saber sua impressão sobre tudo aquilo que ocorrera, ao que o jovem artista iniciante, já demonstrando uma característica legítima de sua carreira, criativamente, abriu os braços e respondeu, assim cantando: "Jurado pra morrer de amor" (trecho da música "Meu bem querer", que já era tema da novela na emissora).

A reportagem só ajudou e acelerou o sucesso da música e do LP; dali em diante, só deu Djavan. Lembro que nesse dia fiquei no hotel para assistirmos juntos à matéria que iria ao ar no primeiro jornal da manhã seguinte.

E assim, toda vez que Djavan estava em São Paulo, eu estava junto o acompanhando.

Houve um período de nosso trabalho em que eu queria que Djavan realizasse alguns shows em São Paulo; primeiramente pensei na Chic Show, uma equipe de baile *black* que contratava vários artistas nacionais e internacionais, entre eles, Tim Maia, Jorge Ben, Banda Black Rio, James Brown, Jimmy Bo Horne, entre outros. Era o espaço ideal, na minha opinião, para apresentar o artista e divulgá-lo com um retorno imediato, já que o público era 99% negro. Djavan tinha um repertório que agradaria aquele público, pelo balanço, *swing*, e por ser dançante. Tentei alguns contatos, mas sem êxito.

Só em 1977, quando o empresário Manoel Poladian contratou uma série de shows com exclusividade para São Paulo, que o pessoal da Chic Show viu os anúncios e anunciou que Djavan se apresentaria no Palmeiras. A conversa foi outra, pois o público logo se interessou e a procura foi maciça. Vieram logo falar comigo para acertar os detalhes, mas naquele momento eu não tinha mais o que fazer, pois já havia contrato com a Poladian.

Infelizmente não compareci a este show, pois estava em viagem de lua de mel, mas soube pelo próprio Djavan que foi o melhor show, o mais emocionante que fizera naquele tempo, além de terem pagado o cachê estipulado e terem dado condições especiais para a apresentação.

Outro fato marcante foi a primeira turnê que Djavan fez no Sesc, na unidade Vila Nova, em São Paulo, para uma agenda de um final de semana (sex/sáb/dom às 21h). Na sexta-feira antes de realizarmos o show, fomos comunicados de que no dia seguinte (sábado) deveríamos ir para o Rio, no Teatro Fênix, para gravação de um musical para um quadro do programa *Fantástico* dirigido por Nilton Travesso, a maior audiência televisiva no momento.

A orientação que recebemos do diretor da gravadora e da empresária do artista para a realização desse trabalho em outro estado no meio de uma turnê foi a de que eu acompanhasse Djavan na gravação, mas que por volta da 18h deveríamos retornar ao aeroporto Santos Dumont para voltarmos a São Paulo e seguirmos diretamente ao Sesc Vila Nova, para o segundo dia da turnê, uma vez que os ingressos estavam esgotados. Até aqui nenhuma novidade, pois já estávamos habituados a esses inesperados deslocamentos.

Mas este foi além de inesperado, um desafio de maratona. Pois, por volta das 17h ainda não havíamos terminado a gravação, e comecei a apressar o padrão Globo de qualidade, que a cada três minutos pedia: "Só mais quinze minutinhos". De quinze em quinze, ultrapassamos cinquenta minutos, e quando vimos já eram 18h.

Gravação realizada com sucesso, e uma viatura da produção nos levou disparada para o aeroporto, com o voo marcado para as 19h. Ao chegar, já fui imediatamente providenciar o check-in, pensando: "Chegamos em São Paulo às 20h, em quinze minutos chegamos ao teatro do Sesc Vila Nova, o show com início para às 21h, tudo certo!". Só que não.

Eis que veio outro susto: do alto-falante do aeroporto, ouvimos que o voo das 19h estava cancelado por fechamento do aeroporto de Congonhas devido ao mau tempo e que o próximo voo sairia somente às 20h.

Enquanto isso, Djavan descansava na sala de embarque, e eu no balcão conversando com o pessoal da ponte aérea, mostrando minha preocupação ante ao compromisso artístico assumido. Nesse momento, aproxima-se um senhor também questionando o cancelamento do voo, informando que o tempo estava muito bom em São Paulo e acusando o serviço de querer, na verdade, otimizar gastos juntando os passageiros dos dois voos de horários próximos. Aproveitei a discussão e disse que estávamos com os bilhetes e que iríamos responsabilizá-los, diante desses argumentos, pelos danos causados. Eu me afastei e aguardei.

Por volta das 19h30, anunciaram que o voo estava liberado e que o avião partiria em poucos minutos. Sufoco resolvido, embarcamos; não havia mais do que dez pessoas no avião. Chegamos a São Paulo por volta das 20h45; peguei meu Passat que havia deixado estacionado em Congonhas, seguimos pela av. 23 de Maio e rapidamente chegamos ao teatro do Sesc.

Enquanto estacionava o carro, Djavan subia as escadas; a banda Sururu de Capote já estava no palco tocando a introdução; e a produção de palco nem conferiu se o artista estava pronto ou não. Djavan foi direto para o palco e realizou um show maravilhoso.

Nessa noite, após o espetáculo, fomos jantar numa cantina no bairro do Bixiga, acompanhados de Caetano Veloso e Sônia Braga, que tinham assistido ao show de Djavan. Na cantina, o papo rolou solto e fácil, madrugada adentro, regado a um bom vinho para molhar as palavras.

Quando cheguei em casa, por volta das 3h da manhã, relatei o evento, o jantar e a companhia ilustre dos artistas empolgado. O calor da minha alegria logo foi abafado com a lembrança da atriz Sônia Braga em seu papel no filme do momento, *A dama da lotação*, em que sua personagem esbanjava beleza e sensualidade. Minha esposa misturou a pessoa com a personagem do filme, além do horário que cheguei. Resultado? Dormi no sofá...

Ainda a respeito da nossa proximidade — eu com Djavan —, não somente porque fosse eu o responsável pela divulgação de seu trabalho, mas também porque éramos dois jovens negros numa cidade a ser explorada, nossa afinidade era grande. Embora Djavan morasse no Rio, em São Paulo ele dirigia muito bem. Ia para vários lugares sem se perder; e veja que vivíamos num tempo muito distante dos atuais aplicativos de localização.

Outra particularidade é que ele gostava de usar roupas acima de seu tamanho; por vezes, chegava a São Paulo em dias de frio e não vinha preparado para as baixas temperaturas da Terra da Garoa. Certa vez, numa dessas vindas em dia de frio inesperado, tive de lhe ceder uma blusa de frio que ganhara de uma sobrinha minha, que, embora muito maior que seu número, caíra-lhe tão bem que acabou ficando com ele.

Mas, de tudo, uma memória afetiva muito presente está relacionada a um fato marcante: quando fui comprar minha casa na Chácara Santo Antônio, em conversa com ele acerca das condições financeiras para finalização da compra, ele ouviu com atenção e, para minha grande surpresa, na semana seguinte, uma ordem de pagamento fora realizada por ele em meu nome no Banco Nacional da rua Augusta, o que possibilitou a compra do imóvel — uma quantia substancial, pelo que lhe sou eternamente agradecido.

Naquela época, a TV ainda pagava cachê aos artistas, e ele, sempre generoso, me presenteava com parte da quantia, que ajudava muito também na composição da renda.

Com a contratação de Djavan pela Sony Music e a minha saída da Emi-Odeon, fomos nos distanciando; mas sempre que ele se apresentava em São Paulo, lá estava eu e toda a família a prestigiá-lo. Éramos os primeiros a chegar aos camarins para cumprimentá-lo e conversar um pouco, e às vezes terminávamos a noite com um jantar em sua cantina preferida no Bixiga.

Além de um grande talento, Djavan é uma pessoa generosa e amiga de quem sou fã, colecionador de sua discografia, apreciador de suas canções e por quem aprendi a nutrir um especial carinho que se mantém na minha torcida pelo sucesso de sua carreira e felicidade pessoal!

8. TIM MAIA

> *Quando o inverno chegar/ Eu quero estar junto a ti/ Pode o outono voltar/ Eu quero estar junto a ti/ Por que é primavera/ Te amo é primavera/ Te amo é primavera, meu amor/ Trago esta rosa...*
>
> ("Primavera")

Descobri Tim Maia no final dos anos 1960, início dos 1970, quando voltou dos Estados Unidos e gravou pela RGE a canção "These are the songs". Fiquei encantado com aquele *swing* e seu vozeirão.

Na sequência, Tim produziu um LP do Eduardo Araújo, com destaque para a canção "Você". Por esse tempo, eu havia acabado de sair da Rádio Difusora e estava iniciando minha carreira de divulgador na Beverly, onde permaneci por mais ou menos dois anos, seguindo para a gravadora Philips, que tinha acabado de lançar no mercado fonográfico o primeiro LP do Tim Maia, no qual foram lançadas quase todas as suas músicas, como "Primavera", "Você", "Coronel Antonio Bento", entre outras.

Na Philips tive pouco contato com o Tim; mas como o artista passava com frequente rotatividade pelas gravadoras, muito em razão de seu comportamento intempestivo e pouco afeito ao diálogo quando se tratava de cumprir as normas contratuais estabelecidas pelas gravadoras, fui encontrá-lo mais tarde na Emi-Odeon.

Era um espírito inquieto e visionário para aqueles tempos. Tinha acabado de retornar do país das grandes produtoras e do *show business* e trouxe consigo o sonho de criar seu próprio selo e ter posse das matrizes produzidas, o que estava muito longe do pensamento enquadrado dos donos de gravadoras à época.

Lá na Odeon, pude trabalhar com ele mais diretamente na divulgação do LP *Lábios de Mel*, "Até parece que foi sonho meu". Mas marcar programação de TV e rádio com o Tim era uma aventura; nunca sabíamos se iria comparecer ou não. Para garantir sua presença, tínhamos que providenciar arranjos de flores e troféus, que ele sempre levava para sua mãe.

Lembro-me de um momento que exigiu de mim um lance de criatividade. Queria levá-lo ao *Clube dos Artistas* e precisava imaginar uma premiação convincente o suficiente para que despertasse nele o interesse em comparecer. Daí inventei o Troféu Canário de Ouro, que se deu assim: combinei com o diretor do programa, meu querido amigo

Magno Salermo, que a premiação se referia à música mais executada da semana. Fui à praça da Sé, comprei uma estátua de um canário dourado, e assim foi instituído o Troféu Canário de Ouro. Tim gostou muito, e a produção do programa apreciou tanto a ideia que a adotou para premiar semanalmente esta e outras categorias artístico-musicais.

Com o desenrolar da vida, fomos nos encontrar novamente anos mais tarde na gravadora Continental, onde eu era Gerente Regional de Divulgação e responsável por lançamentos especiais.

Tim Maia foi contratado para a gravação de um LP pelo diretor artístico e produtor Jairo Pires, e coube a mim o planejamento do lançamento. Programamos um coquetel de lançamento em uma casa noturna que ficava na avenida Morumbi em São Paulo, para a imprensa em geral e convidados.

Fiquei responsável por levá-lo ao local, mas, para termos a certeza de que tudo sairia bem, tive de ficar o dia todo no hotel Transamérica, de olho para que Tim não saísse. Por volta das 20h, com a assessoria de sua companheira Adriana, saímos do hotel e fomos para o local do evento, onde a banda Vitória Régia já estava a postos para a apresentação.

Foi um grande acontecimento, mas ao longo das semanas ele já não queria realizar nenhuma agenda para continuar o trabalho de divulgação do disco; facilmente, ele já estava pensando em outro trabalho para outra gravadora. Era muito difícil trabalhar com ele: estava sorrindo, brincando, e de repente já mudava o comportamento, ficava agressivo nas palavras; e no dia seguinte voltava tudo ao normal.

Ao longo de sua carreira, Tim havia ganhado vários troféus Imprensa, o mais expressivo da época, mas nunca ia recebê-los pelo *Programa Silvio Santos*.

Numa dessas premiações, sabendo que Tim Maia faria um show na cidade de São Vicente, conversei com Silvio Santos na véspera do evento sobre a possibilidade da entrega do prêmio no domingo, e assim ficou acertado.

Para isso, armei uma estratégia: fui ao show do Tim, me hospedei em um apartamento ao lado do dele. Nesse período, ele gostava muito de filmar seu público; nos shows, estava sempre com uma pequena filmadora que trouxera dos EUA, e sempre que me via virava a câmera para mim e falava assim: "Este é o Niltão, senhoras e senhores, diretor de divulgação da gravadora".

Terminamos o show, jantamos no clube e de lá fomos para o hotel. Tim me pediu para comprar um litro de caldo de cana e um pote de sorvete. Missão dada era missão cumprida. Quando voltei com a encomenda, toquei a campainha, bati na porta, e ele não atendeu de jeito nenhum; deixei tudo lá do lado de fora, na porta do apartamento.

Pela manhã estava uma bagunça no corredor: aquele sorvete escorrido, e o caldo exalando o cheiro da cana. Por volta das 9h30, Tim atendeu o interfone, tomou seu café no apartamento mesmo, e às 10h30 saímos para o SBT receber o Troféu Imprensa, conforme havíamos combinado. Tim foi dirigindo com seu Monza a 40 km/h, acenando para as pessoas e sendo aclamado por quem o reconhecia, e eu no banco do carona de olhos bem abertos, atento às curvas da estrada de Santos, pois não estava nada confiante no motorista, mas chegamos sãos e salvos.

Quando adentramos nos estúdios da Vila Guilherme, a equipe de produção nem esperava pelo artista. Percebi pelo entusiasmo quando me ouviram dizer: "O homem tá aí!". Imediatamente o acomodaram no camarim, e Silvio foi pessoalmente cumprimentá-lo com simpatia, expressando sua alegria ao dizer que o esperava há dois anos para lhe entregar o troféu de artista do ano e de reconhecimento pela melhor música. Tim ficou muito contente e fez como sempre: dedicou o troféu a sua mãe, a sra. Maria Imaculada Nogueira.

Esse episódio, que eu qualifico como uma verdadeira epopeia, marcou minha trajetória naquele tempo e permanece vivo em minha memória, pelo desafio que foi e pelo privilégio de ter podido conhecer tão de perto esse artista incompreendido em seu tempo, por tudo que ousou antecipar.

O tempo seguiu, e Tim criou sua própria gravadora, a SEROMA — iniciais de seu nome Sebastião Rodrigues Maia —, a única que pagava aos domingos, como gostava de dizer. Por ela, gravou vários CDs e produziu excelente catálogo, como um CD em que executa os hinos dos principais clubes de futebol do Brasil.

Tim seguiu produzindo seus discos, e eu continuei a produzir e dirigir pela gravadora Paradoxx Music, da qual me tornei sócio-fundador. Mas como eu trabalhava em São Paulo, e Tim, no Rio, tivemos nosso contato diminuído.

Certa manhã, recebi uma ligação do próprio Tim Maia me pedindo para contratar e gravar nosso amigo em comum, o compositor e artista Luís Vagner, o que foi imediatamente aceito por mim e pelos demais sócios. De início gravaríamos um CD com seus sucessos, mas acabamos gravando dois CDs: um de sucessos e outro de músicas inéditas, que constam hoje do catálogo do meu selo Obi Music.

Em 1988, estava trabalhando no Recife, onde permaneci por uma semana inteira. No domingo, um amigo me convidou para assistir em um parque público ao show do percussionista pernambucano reconhecido internacionalmente Naná Vasconcelos, mas, em meio ao espetáculo, fomos todos surpreendidos com a triste notícia da morte do Tim.

Fiquei muito mal e voltei imediatamente para o hotel, tentando digerir aquela notícia. Acompanhei pela TV os detalhes daquele inesperado acontecimento no Rio.

Passado algum tempo, fui procurado pelo advogado responsável pelo espólio do artista, oferecendo a distribuição do catálogo da SEROMA para a Paradoxx; contrato feito, passamos a representá-lo e a distribuí-lo. Nesse período, um dos sócios da Paradoxx fez parceria com a produtora que registrara em vídeo o último show de Tim Maia, e assim produzimos o DVD que até hoje é um grande registro artístico desse grande ícone da Música Popular Brasileira.

9. JOÃO NOGUEIRA

> *A vida é mesmo uma missão/ A morte uma ilusão/*
> *Só sabe quem viveu/ Pois quando o espelho é bom/*
> *Ninguém jamais morreu...*
>
> ("Além do espelho")

A primeira vez que ouvi falar de João Nogueira foi em 1967-68, quando trabalhava na Rádio Tupi com o goiano Cayon Gadia, diretor da emissora, à época, que gostava e conhecia muito de samba e MPB. Ele era amigo pessoal e fã do sambista carioca Ciro Monteiro, "o cantor das mil e`uma fãs".

A primeira música de João Nogueira que ouvi foi "Mulher valente é minha mãe, olha aquela velhinha é de amargar, levanta às cinco da manhã e só volta pra cama quando o dia terminar...". Fiquei impressionado com a letra/ritmo e admirado com aquele vozeirão.

Anos depois, quando fui trabalhar como divulgador na Emi-Odeon, onde João Nogueira já era contratado, passei a acompanhá-lo nos programas de rádio e TV. Iniciamos ali um contato profissional, e não demorou nada a desenvolvermos uma amizade.

Na minhas frequentes idas ao Rio de Janeiro, a trabalho, ficava hospedado na casa de Roberto Ribeiro, na Barra, de quem já era amigo, e no final de semana íamos ao Clube do Samba, onde eu era recebido com toda a mordomia, pois era o divulgador que apreciava o fino da música, com os amigos Clara Nunes, Roberto Ribeiro e João Nogueira.

O samba, àquela época, facilmente estabelecia e consolidava laços firmes de amizade, e naquele templo sagrado sentíamos a força do aquilombamento que o samba produzia.

Com João Nogueira, participei de vários momentos tanto importantes, quanto inusitados da carreira do artista.

Um deles foi no programa de TV *Clube dos Artistas*. Eu deveria ter uns 25 anos, garoto ingênuo e ainda admirado com a vida de acompanhar artistas. Pois bem, me pediram para levar para o João e amigos um rolinho de filme, daqueles da Kodak. Quando cheguei ao camarim, foi uma festa só. Alguém logo bradou: "Alô rapaziada, o filme chegou!!". Não demorou nada para eu visse que do filme só saía fumaça com um cheiro de patchouli. Imaginem que atravessei a cidade toda carregando aquele "pseudofilme" e correndo risco de ser abordado, pois estávamos em plena ditadura militar. Se me pegassem com a tal encomenda, era cana na certa; ainda mais que sendo eu negro, com 1,90m de altura, a quem iria convencer de que o "filme" não era meu?! Hoje entendo que Orixá me protegeu!

Em outra ocasião, intermediei um show para o João Nogueira num projeto do bar Boca da Noite. Naquela noite, estava muito frio quando fui apanhá-lo no aeroporto, e João pegou emprestado o paletó do comandante do voo e se apresentou no evento com aquele uniforme, com o qual apareceu em muitos outros momentos de sua carreira.

Estivemos juntos em outras ocasiões, cujas lembranças se eternizam para além da minha trajetória profissional. Uma delas foi no batizado da minha filha Joyce Ribeiro, no almoço na casa do amigo Tomé Paulinho. Estavam presentes também João Nogueira e o baterista Milton Banana, que lá pelas tantas me disseram que iria acontecer naquela tarde um show na escola de samba Nenê de Vila Matilde.

Saímos do almoço, atravessamos a cidade e fomos parar na Zona Leste. Quando chegamos ao local, não havia público nem condições para realização do show; e aí soubemos que não tinha havido nenhuma divulgação. Na verdade, achamos que foi uma urucubaca que jogaram em nós por termos saído do almoço.

Anos depois, minha filha, já no início de sua carreira de jornalista, foi escalada para entrevistá-lo. Antes mesmo de começar a entrevista, João olhou bem para ela e, como que a tentar reconhecer sua fisionomia, perguntou: "Você é filha de alguém famoso? Estou te reconhecendo...", ao que Joyce, indecisa naquele momento, respondeu: "Meu pai? Bem, meu pai não é famoso!". Curioso, João perguntou: "O que ele faz, quem é ele?". Joyce não titubeou: "É o Niltão, ele é divulgador". E ele, sorrindo, sentenciou: "Ah! O Niltão? E ele não é famoso?! Claro que é!!!".

João havia visto a Joyce apenas uma vez, muito tempo antes, naquele dia do batizado, e isto nos marcou muito, a mim e a ela também.

Mais tarde, já não mais na Emi-Odeon, eu estava no Recife a trabalho por outra gravadora. De repente, João Nogueira e alguns amigos entraram no mesmo restaurante em que eu estava. Quando me viu, nós nos abraçamos e relembramos alguns acontecimentos vividos juntos. Disse que estava a passeio com amigos, se restabelecendo de problemas com a saúde.

Não muito tempo depois, veio a falecer. A última lembrança que trago dele foi aquele abraço trocado com a brisa da praia de Boa Viagem a nos refrescar a memória. Ali, sem sabermos, me despedi dele para sua última viagem, ambos com a alegria de quem diz: "Até um dia, parceiro!".

10. DONA IVONE LARA

> *Sonho meu, Sonho meu/ Vai buscar quem mora longe, sonho meu/ Vai matar essa saudade, sonho meu/ Com a sua liberdade, sonho meu/ No meu céu, a estrela guia se perdeu/ A madrugada fria, só me traz melancolia, sonho meu...*
>
> ("Sonho meu")

Império Serrano, 1976, ensaio na quadra. Esta foi a primeira vez que a vi com aquele lindo sorriso, aquela alegria advinda da sua música e aquele minúsculo cavaquinho harmonicamente acomodado a seu peito acompanhando sua voz de soprano, que entoava o canto do pássaro tiê.

Foi completamente emocionante ouvi-la e compartilhar com ela do sentimento de pertença negra através daquela canção que muito diz de nossa gente. Aquela imagem, visual e sonora, permanece em meu coração desde então, no reconhecimento do quanto o espaço sambístico pode ser terapeuticamente libertador, quando nós, pessoas negras, nos vemos nesses importantes momentos de congraçamento.

Quis o destino, e para minha imensa alegria, esta celebridade ser contratada pela Emi-Odeon, e eu poder ser incumbido da divulgação de dona Ivone Lara e seu recém-lançado LP aqui em São Paulo.

Por essa ocasião, Fernando Faro, um dos maiores produtores musicais do país, passou a convidá-la para apresentações em musicais na TV Tupi, e era eu quem a acompanhava. Nos primeiros tempos de sua carreira profissional, ocasionalmente nesses programas, havia o pagamento de um pequeno cachê, e ela, sabedora disso, com bom humor e assertividade me perguntava: "Meu filho, vai ter 'cachete'?", demonstrando aguçada consciência de classe e gênero, ao se tornar a primeira mulher negra da ala dos compositores da escola de samba Império Serrano e depois construir sua trajetória musical, após ter encerrado sua primeira carreira profissional como enfermeira.

Geralmente após sua apresentação nos programas de TV, íamos jantar no restaurante Boi na Brasa ou no Um Dois Feijão com Arroz, de cujo cardápio não podia dispensar uma refrescante Malzbier.

De suas idas e vindas a São Paulo, nossa simpatia mútua foi se intensificando, e daí nasceu uma singela amizade, potencializada em meados de 1978 com a apresentação do Projeto Pixinguinha, dividindo o palco com o grande Roberto Ribeiro. Como compositora e intérprete, compôs com seu parceiro Décio Carvalho o samba "Acreditar", importante sucesso também na voz de Roberto.

Simultaneamente, o grande acontecimento em minha vida aconteceu em junho de 1978: o nascimento de minha filha Joyce Ribeiro. Essa felicidade foi coroada com a generosidade da presença de d. Ivone, mas desta vez com seus conhecimentos de enfermeira, a cuidar do umbigo de minha filha recém-nascida, indo diariamente à minha casa no bairro do Bixiga. Somos muito orgulhosos e gratos por este feito, pois, simbolicamente, ele representa para nós a proteção do canal de projeção da criança no mundo por uma ancestral que trazia consigo a força, a visão e a orientação do caminho a ser trilhado, doando-lhe estes talentos num só pote.

A presença dessa mulher negra ancestral — enfermeira, compositora, cantora — representava uma importante referência para a mulher negra jornalista Joyce Ribeiro. Minha filha cresceu ouvindo sobre este acontecimento que diz respeito à sua vida e, inconformada, passou a nos cobrar: "Mas não tem uma foto daquele momento?". Infelizmente, não tínhamos o hábito de fotografar. Naquele tempo, estar com os artistas era algo muito natural, e bastava o registro do momento na memória. Além do mais, nem sempre havia uma máquina fotográfica à mão. Não vivíamos a era da imagem nem dessas atuais redes.

O correr da vida foi levando cada um para seu destino, e o contato com D. Ivone Lara foi cedendo lugar à apreciação mais afastada do fã com o artista. A aproximação era retomada quando íamos aos seus shows, com Joyce já uma jovem admiradora de sua música. Nessas ocasiões, d. Ivone lembrava com o carinho de sempre os cuidados dispensados, no passado, à Joyce bebê.

Nas incontáveis vezes que fomos aos shows de d. Ivone Lara, passávamos em seu camarim, e estes encontros eram praticamente uma reunião familiar.

Aliás, em nossas festas familiares, em que se reúnem muitas pessoas, e fazemos uma grande roda de samba, a Rainha do Samba é relembrada com este canto de força e fé do nosso povo: "Um sorriso negro". Assim homenageamos nossa querida d. Ivone Lara, a verdadeira joia rara!!!

II. REINALDO — O PRÍNCIPE DO PAGODE

> *Veja bem, nosso amor é perfeito/ Pois até nos defeitos podemos nos superar/ Lembro sim, maus momentos passamos/ Mesmo assim suplantamos por confiar/ Toda vez que converso com meu coração/ Vejo a luz/ Me sinto como um pecador aos pés da cruz, a confessar...*
>
> ("Retrato cantado de um amor")

Sempre frequentei as quadras das escolas de samba, mas a minha preferida era a Camisa Verde e Branco, tradicional escola da Zona Norte de São Paulo, além de ser muito amigo do presidente da escola, o sr. Inocêncio, e de seu filho e sucessor, Tobias.

Numa dessas tardes de sábado, no famoso botequim do Camisa, conheci um casal de cariocas que estava visitando a quadra. Entre um papo e outro, uma cervejinha rolando, comentaram que tinham um filho que tocava pandeiro e cantava em um grupo de samba que sempre se apresentava na escola, mas justamente naquele sábado o grupo não estava programado. Quando perguntei o nome do filho, disseram: "Reinaldo Zacarias, e ele está sendo contratado pela gravadora Continental, no Rio de Janeiro, através do diretor Jairo Pires e do produtor Mauro Almeida". Fiquei um tanto surpreso e curioso, pois nesta época eu era contratado da Continental, como Gerente Regional do Nordeste (GRN) e Gerente Regional Artístico (GRA), e não havia sido informado até então, pois o Rio tinha certa liberdade de contratação.

Na segunda-feira, chegando à Companhia, fui me informar, e me certifiquei de que realmente Reinaldo estava nos estúdios Transamérica Rio já em gravação. Na oportunidade seguinte de viagem ao Rio de Janeiro, fui convidado a ir a uma sessão de gravação, e nela fui apresentado ao artista, que já me conhecia de nome. Isso foi lá pelos anos de 1986-87.

Quando ouvi e vi seu repertório, não tive dúvidas, falei: "Quero no meu time!". E assim aconteceu.

O LP saiu, cuidei da capa, das fotografias e até do figurino. Com muita satisfação, levei-o à loja Via Veneto, em Pinheiros, tradicional bairro de São Paulo, auxiliando-o a escolher as roupas adequadas para a capa do LP, bem como dei orientação sobre quais deveriam ser usadas nas primeiras apresentações dos programas de televisão.

Para a capa do disco, para rápida assimilação da imagem do artista, ele foi de calça de linho branca e camisa de seda vermelha. É só dar um confere no Google e buscar a capa do primeiro disco.

A gravadora não apostava muito neste segmento, pois seu forte era o sertanejo, e tinha o melhor *cast.* Cheguei a fazer uma aposta com o nosso presidente e diretor artístico Wilson Souto Jr. que o LP *Retrato Cantado* seria Disco de Ouro naquele ano. Nossa aposta ficou apalavrada em um prêmio de dez mil reais (que, diga-se, não foi pago). Não deu outra: final do ano de 1987, se não me trai a memória, Reinaldo atingiu 100 mil cópias: Disco de Ouro.

Nesse trabalho, contei com o apoio de Moisés da Rocha, Paulo César (o Paulinho, diretor da Rádio Manchete, que só tocava samba), do programador Milton Lobo e de Glayds Xavier, na Brasil 2.000 FM, quem o batizou como o Príncipe do Pagode, porque o Rei era o Almir Guineto, exímio compositor que introduziu o banjo no samba e no pagode.

Passei a intermediar seus primeiros shows, embora em seguida seu amigo Pelé Problema tenha passado a ser seu empresário e agente importante na fixação da carreira e do nome do artista no *show business*.

Com ele também vivi algumas passagens divertidas e publicáveis, das quais algumas marcantes.

Por exemplo, para melhor deslocamento em São Paulo, Reinaldo passou a morar no Hotel Jandaia, e nessa época o carro da moda era o Passat. Eu tinha um, e quando viajava, deixava-o com Reinaldo. Numa dessas viagens, quando regressei, encontrei o carro estacionado na porta do Jandaia com o câmbio quebrado — poderia ter acontecido comigo, mas aconteceu com ele...

Outra passagem, esta com certa tensão, deu-se num fim de semana. No sábado, fomos fazer um show em um bairro da Zona Leste de São Paulo. Ao final, Reinaldo arrumou uma fã-namorada. Já havíamos combinado que no domingo ele almoçaria em casa. Ele ficou no hotel e eu segui para minha casa. Lá pelas duas da tarde chegou Reinaldo, que, para minha surpresa, estava com a moça, a qual foi apresentada como sua noiva.

O encontro seguiu animado, e o cardápio, rabada com polenta e agrião, regado a muita Brahma gelada, a cerveja da vez. Não deu outra: após a comilança, caímos de sono pesado, eu e Reinaldo, no sofá da sala. Enquanto isso, a moça, para ser simpática e agradar a anfitriã, ofereceu seus préstimos para ajudar na arrumação da cozinha. Entre as duas, conversa vai, conversa vem, surgiu a pergunta fatal: "Há quanto tempo vocês são noivos?". A moça, sem nenhuma cerimônia, respondeu: "Conheci ele ontem no show!".

Não preciso relatar o que ocorreu na sequência depois que casal "de noivos" foi embora. O clima animado rapidamente cedeu lugar à tensão de um inquérito. A síntese se limitou à frase: "Você deve ser igual a ele!". Demoramos para limpar esta barra, mas ficou tudo bem: a família e a amizade venceram. Já sobre o "noivado" dele, nada mais se soube. O que permanece até os dias de hoje são a amizade e o reconhecimento.

Por onde nos encontrávamos e com quem estivéssemos, o Príncipe do Pagode não se furtava a dizer em alto e bom som: "Se existe Reinaldo, o Príncipe do Pagode, sou muito grato à dedicação e trabalho de Nilton Ribeiro, o Niltão".

Outras histórias, como a do Banjo Verde, partilhamos juntos, mas esta não vou relatar. Só quem viu sabe! Muitas casas de samba e de shows alegraram as noites e tardes sob a condução da voz e da levada inconfundíveis do Príncipe do Pagode de fazer samba e alegria como espaços de aquilombamento e de resistência. Salve, Reinaldo!!!

12. PARALAMAS DO SUCESSO

Todo dia o sol da manhã/ Vem e lhes desafia/ Traz do sonho pro mundo/ Quem já não queria/ Palafitas, trapiches, farrapos/ Filhos da mesma agonia...

("Alagados")

Vital e sua moto, compacto simples de trio... quando começamos a divulgação e fui designado para trazê-los para trabalhar em São Paulo, o primeiro programa a se interessar foi o *Som Pop* da TV Cultura, cujo produtor musical era Newton Miranda, também programador da Rádio Bandeirantes.

A banda emplacou um sucesso atrás do outro, pois um trio com som de conjunto pesado nas paradas até hoje não é comum, não. O entrosamento entre Herbert Vianna, Bi Ribeiro e João Barone é uma química perfeita; soma-se a isso o sucesso do The Police (liderado por Sting) no cenário do pop mundial.

Passei a ser o divulgador responsável pelas apresentações deles nos principais programas de TV do país. Em umas das vindas da banda a São Paulo, acompanhei-os a várias lojas de instrumentos e equipamentos, pesquisando preços e qualidade, na rua Teodoro Sampaio, na rua dos Bandeirantes, no bairro do Bom Retiro, onde compraram vários produtos para a banda.

Daí em diante, passaram a fazer shows em São Paulo e turnês por todo o Brasil, tornando-se grande sucesso de vendagem e de reconhecimento público.

Uma das histórias marcantes com o trio está ligada à minha paixão por fuscas. No início da carreira, no Rio de Janeiro, os Paralamas usavam para se deslocar um Fusca branco, que também servia para o transporte de equipamentos de som e dos instrumentos musicais. Em conversa com Herbert, soube que o carro estava estacionado no pátio da gravadora lá no Rio. Perguntei se eles queriam vender o Fusca, ele disse que sim, e imediatamente fechamos negócio. Comprei o Fusca, reformei (algo que era muito comum), e fiquei com ele por algum tempo, até que, numa boa ocasião para negócio, passei o Fusca para a frente.

Entre eles, fui apelidado de Alcatra; o apelido se deveu a um fato corriqueiro: sempre que íamos juntos almoçar em São Paulo, eu só pedia bife de alcatra. Não perderam a oportunidade de criar um codinome para mim...

Ficamos algum tempo sem nos ver, pois nossas vidas foram seguindo por caminhos diferentes, mas mais recentemente tivemos a oportunidade de nos encontrar.

Uma delas foi em Salvador, em 2018. A banda ia se apresentar na Concha Acústica, e eu estava lá. Liguei para o Barone, que gentilmente deixou os convites na bilheteria e o aviso para eu me encontrar com eles no camarim após o show, que foi sucesso total: mais de cinco mil pessoas dançando e cantando os sucessos da banda, e Herbert tocou e cantou por quase duas horas.

Quando terminaram, o produtor estava me aguardando para me levar ao camarim, e ao lado os aguardava uma enorme fila de fãs para abraços e *selfies*. Com a simpatia peculiar, me receberam no espaço e pediram para aguardar que iriam atender os fãs. Compromisso cumprido, ao retornarem, Herbert me abraçou e disse: "Niltão, olha o que você fez!", apontando com a cabeça para as arquibancadas ainda lotadas com a galera cantando suas músicas. Foi um lindo momento para mim, nesses cinquenta anos de trabalho de divulgação.

Mais recentemente na Oktoberfest de São Paulo, no Jóquei Club, onde se apresentaram, nos encontramos novamente, tendo eu desta vez ido ao camarim cumprimentá-los.

Ainda está muito presente em minha memória o momento em que olhei com muita admiração para eles, pensando na felicidade de todos — nossa e deles — pela continuidade da banda na superação das intempéries. Na exacerbação da minha alegria, perguntei ao Barone: "O

Herbert vai voltar a andar?", ao que ele, tomado de emoção, respondeu olhando com profundidade nos meus olhos: "Niltão, o grande milagre já foi feito!". Nos abraçamos com gratidão. Esse abraço está registrado na linda foto que compõe a sessão de fotos deste livro.

13. NANA CAYMMI

> *Batidas na porta da frente/ É o tempo/ Eu bebo um pouquinho pra ter argumento/ Mas fico sem jeito, calado ele ri/ Ele zomba do quanto eu chorei/ Porque sabe passar/ E eu não sei...*
>
> ("Respostas ao tempo")

A primeira vez que vi Dinahir, mais conhecida como Nana, foi no festival da Record, em 1969, no Teatro Paramount, em São Paulo, onde a artista defendeu a música "Bom dia", composição de Gilberto Gil, com quem era casada à época. Foi a maior vaia que uma artista levou ao ser anunciada como a melhor intérprete do festival. Após o episódio, que a deixou muito mal, Nana mudou-se para a Argentina, onde permaneceu por um bom tempo.

Voltei a tomar conhecimento da artista anos depois, quando lançou um LP pela gravadora CID com um repertório fantástico.

Por volta dos anos 1975-76, como contratado pela Emi-Odeon, tive a oportunidade de divulgar a artista em rádios. Em São Paulo, Nana hospedava-se regularmente no Hotel Maksoud Plaza, o melhor da cidade naqueles anos, de onde saíamos para cumprir sua agenda de shows e programas de TV, e isso era uma constância em nossas agendas bem movimentadas, pois seu trabalho, repertório e interpretações personalíssimas lhe renderam público fiel e refinado.

Algumas cenas do nosso cotidiano de trabalho marcaram nosso contato profissional pela leveza e alegria com que Nana, a despeito de sua responsabilidade profissional, realizava seu trabalho.

Uma delas deu-se a caminho da gravadora AVS em certa tarde de dezembro. Andávamos pela avenida Paulista eu, Nana e seu então namorado, o jovem Cláudio Nucci, que havia gravado um compacto com o sucesso "Quero, Quero", quando se aproximou de nós um homem que se apresentou como publicitário. Ele olhou para Nucci, que usava barba bem cuidada e cabelos longos e loiros, expressando uma imagem muito semelhante à do Cristo retratado pelo imaginário europeu, e o abordou para contratação para um comercial de Natal, o que Nana pronta e humoradamente incentivou, já que a semelhança era real.

Estar com Nana era sempre muito bom, pois ela trazia a possibilidade de fazer as pessoas à sua volta sentirem-se mais leves no enfrentamento de situações mais densas; sua alegria, sua expressão de um vocabulário próprio e seu tom debochado me ensinaram muito a enxergar o mundo sob outra ótica. Para mim, ainda jovem, iniciando a carreira, tudo aquilo trouxe muito aprendizado.

Até nas festas comemorativas de final de ano da gravadora do Rio de Janeiro, cujo ambiente propunha menos formalidades, sua espontaneidade e seu modo de agregar as pessoas à sua volta, de maneira acolhedora e indistinta, marcaram tanto a carreira quanto a construção dos afetos que Nana carrega consigo pelo caminho.

Certamente me tornei fã de seu trabalho e seguidor de sua arte e trabalho. E, na minha concepção, ela figura na galeria das melhores intérpretes do Brasil.

14. JAIR RODRIGUES

> *Prepare o seu coração/ Pras coisas que eu vou contar/ Eu venho lá do sertão/ Eu venho lá do sertão/ E posso não lhe agradar/ Aprendi a dizer não/ Ver a morte sem chorar/ E a morte, o destino, tudo/ E a morte e o destino, tudo/ Estava fora do lugar/ E eu vivo pra consertar...*
>
> ("Disparada")

Meu primeiro contato com Jair Rodrigues pessoalmente, de quem já era fã desde os tempos dos festivais da Record, aconteceu em 1967, quando eu trabalhava como discotecário na Rádio Tupi, no bairro do Sumaré, em São Paulo. Era uma sexta-feira, e Jair chegou à emissora com o divulgador da gravadora Philips para mostrar seu novo trabalho, um compacto simples com a música "A família", que defendera no festival daquele ano.

Depois de alguns minutos de conversa sobre divulgação e execução da música, a conversa evoluiu para shows e assuntos diversos. Ao se despedir, Jair disse que iria fazer um show naquela mesma noite em Jundiaí, na Festa da Uva, e me convidou para ir com ele, e já foi logo dizendo o horário e o local de onde sairia para que fôssemos juntos. O local era o escritório de seu empresário, sr. Corumbá, que ficava a poucos metros da emissora, e assim, de pronto aceitei, já que morava bem próximo dali, numa pensão à rua Jaceguai, na Bela Vista, e para aquela noite não tinha nada programado.

Terminado meu horário de trabalho, fui ao local combinado e fomos para o show. Ao final do evento, fomos jantar, e isto já era por volta das 2h da manhã. Sempre brincalhão e despachado no trato com as pessoas, Jair me perguntou: "Você que ficar na casa da minha mãe? Amanhã tem outro show, e você pode ir comigo". Molecão à época e sem complicação com nada, de pronto aceitei.

Dona Conceição, sua mãe, morava em uma casa muito bonita e grande na rua Iraí, no bairro do aeroporto, na Zona Sul da cidade. Quando chegamos, fui logo instalado num confortável quarto de hóspedes, onde dormi um sono solto.

Logo pela manhã, Jair me chamou para tomar o café. Ele estava escovando os dentes e conversando comigo da porta do banheiro, quando de repente pegou sua escova, que tinha acabado de usar, colocou mais creme dental e apontou para mim, oferecendo-a para eu escovar os meus dentes. Fiquei por um segundo olhando, indisfarçavelmente com ar de espanto e pensando: "Se eu não aceitar, ele vai achar que sou um cara metido", afinal ele era o artista, o famoso. Cogitei, estendendo a mão, mesmo sem jeito, e peguei a escova, enquanto ele olhava e falava naturalmente numa clara demonstração de amizade.

Logo após esse episódio, lá veio d. Conceição, tão gentil e carinhosa, trazendo do armário uma troca de roupas para mim. Assim fiquei lá no sábado e no domingo, retornando para casa somente no domingo à noite.

Esse era o Jair, e assim fui entendendo outros modos de ser e viver nesta cidade tão diferente, e já diversa, da minha cidade lá nas Minas Gerais. Os tempos eram outros. Uma amizade espontânea e sincera brotou a partir daí.

Facilmente me identifiquei com a família de Jair, gente negra, acolhedora e de sorriso largo. Passei a frequentar a casa da família aos fins de semana, e, com relativa frequência, ia com ele para o seu sítio próximo à cidade de Itu.

Por esses tempos eu já visitava com tanta frequência sua casa, que, dos três carros existentes na garagem, um já ficava à minha disposição, para quando viajávamos para o apartamento de Jair em Copacabana, no Rio, ocasiões em que sua irmã Nenê e d. Conceição preferiam ir no carro dirigido por mim.

Quando não tinha show, saíamos para curtir a noite paulistana, pois havia várias opções, tanto de música ao vivo como discoteca. Éramos *habitués* nas famosas casas Cave e New Tonton, frequentadas pelos artistas e famosos do *show business* da época.

Certa noite, lembro que estávamos na Cave, e um frequentador chamou o Jair de macaco, ao que, imediatamente, ele acertou com a bola de aço de seu chaveiro, que era moda na época, a cabeça do sujeito. O sangue desceu e foi um alvoroço só. Fomos parar na delegacia, e Jair ligou para seu empresário, que ligou para o advogado, e saímos em pouco tempo. Injúrias raciais sempre foram desferidas contra negros, mas nunca sem revides.

Por volta de 1972, fui contratado para ser divulgador na Philips, onde Jair também era contratado, mas não virei seu divulgador. Meu trabalho era com os cantores mais novos, ou seja, os lançamentos.

Certa noite, estávamos na casa noturna de nome Igrejinha, no tradicional bairro do Bixiga, em São Paulo, onde o cantor Gilson de Souza se apresentava. Ele havia composto o sucesso "Orgulho de sambista", grande sucesso na interpretação de Jair Rodrigues. De repente, entrou na casa uma moça alta, com características de modelo: andar cadenciado, altiva e muito bonita. Jair ficou encantado por todo o tempo em que ficamos ali; na saída, abordou a moça para lhe dar seu número de telefone, quando soube seu nome: Clodine.

Em pouco tempo já estavam namorando. Dali para o casamento foi um pulo: num jantar, na casa da mãe de Jair, o casal oficializou a união, tendo sido eu e outro amigo presente testemunhas da união no documento de casamento civil, o que me fez considerar, mesmo sem maiores formalidades, e pela amizade que cultivamos, o padrinho daquela união.

Então casados, Jair e Clodine passaram a morar em um apartamento na rua da Consolação, o novo endereço em que passei a visitar com certa frequência, e com quem continuei a colecionar histórias.

Numas das idas a um show no Guarujá, onde Jair se apresentaria, Clodine convidou uma amiga, também modelo, muito bonita para ir conosco. Nós quatro nos acomodamos no carro, Jair e Clodine na frente, a moça e eu no banco de trás. A certa altura, já intrigado porque a moça não falava nada nem fazia qualquer contato visual, resolvi puxar uma conversa fazendo um elogio a ela: "Você é muito bonita, está modelando há muito tempo? Qual é mesmo o seu nome?". Ela continuou muda e não esboçou reação.

Jair, um tanto irritado, parou o carro e se dirigiu à moça: "Ei! Quem você pensa que é? O rapaz está conversando direito contigo e você está o ignorando! Você quer descer do carro e não quer seguir com a gente?". A modelo tão linda, sem esboçar gesto, deixou rolar lágrimas, deixando-nos perplexos diante da cena. Daquele momento em diante, quem não falou mais nada fui eu.

Naquela época, para se chegar ao Guarujá era somente pela balsa. A fila era enorme, e por isso demoramos muito para chegar ao clube, onde se encontravam músicos, empresários, todos à espera do artista. Lembro que nesse show houve um desentendimento pesado entre o baterista e o produtor, quebraram o camarim e assustaram a galera.

Chegando a São Paulo, tiveram que se entender com o velho Corumbá, um empresário experiente e austero, de semblante fechado e poucas palavras. Mas isso não precisei presenciar.

Outro momento marcante em que estávamos juntos foi no sítio em Cabreúva, quando Clodine já estava às vésperas de dar à luz o primeiro filho do casal.

A bolsa estourou, ela entrou em trabalho de parto e fomos todos imediatamente para São Paulo, em caravana, rumo à maternidade Pro Matre acompanhar o nascimento de Jairzinho.

Jair também esteve presente em vários momentos da minha vida. Quando me casei pela primeira vez, em 1977, fui morar em um sobrado na Chácara Santo Antônio que pertencia a Jair, o que me ajudou muito, pois eu paguei um aluguel simbólico, me proporcionando capitalizar pelo tempo em que lá estive para comprar a minha própria casa no mesmo bairro.

Jairo, irmão de Jair, que era sargento do Exército, era meu vizinho, e estávamos sempre juntos, éramos uma família.

Jair vibrou muito quando lhe entreguei as chaves da casa e lhe agradeci por sua generosidade. Nessa época, nossa amizade era de proximidade constante.

Também nessa época levei o show de Jair Rodrigues para minha cidade em Lavras (MG). Durante aquela apresentação no Clube de Lavras, toquei tamborim e, ao final, quando ele foi apresentar os músicos, foi assim que ele se referiu a mim: "No tamborim, o lavrense Nilton Ribeiro". Como já estava fora da cidade há anos, fui alegremente ovacionado pelo público, que aplaudiu de pé — aliás, já estavam todos em pé.

Aquele foi um momento muito importante na minha vida, como que um resgate de uma dívida social, pois, quando menino, antes de trabalhar na rádio, trabalhei atendendo no bar daquele clube, no qual, à época, não entrava gente preta, e que continuou até esses tempos recepcionando predominantemente gente branca.

O show foi um sucesso na cidade. No dia seguinte, levei o Jair à casa dos meus tios, localizada num enorme terreno onde moram até hoje muitos dos meus familiares. Minha tia preparou para o almoço um prato tipicamente mineiro: frango com quiabo e os demais acompanhamentos. Este almoço rendeu por muito tempo comentários e lembranças afetivas.

Ali nos aquilombamos por horas em pleno clima de congraçamento, como é costume secular entre as gentes negras. Foi um encontro alegre e divertido, no qual a resenha rolou fácil e as lembranças ficaram vívidas por todo esse tempo nas nossas conversas, todas as vezes que nos vimos depois. Só lamento não haver uma máquina fotográfica para ter registrado esse encontro.

Com a minha carreira profissional avançando, e o trabalho mais intenso com os compromissos de sócio-fundador da gravadora Paradoxx, fui me conduzindo para caminhos que foram nos distanciando. Mas sempre que nos encontrávamos era uma festa.

Da última vez que nos vimos em um programa na TV Record, combinamos uma pescaria que nunca aconteceu. O tempo foi passando... "é hoje", "é semana que vem", até que um dia, ao acordar, embora não tivesse por hábito ligar a televisão, sintonizei no noticiário e me deparei com a notícia fatídica que jamais imaginei receber daquele jeito: "Morre Jair Rodrigues." Não quis acreditar.

Em poucos minutos, todas as emissoras já estavam noticiando e confirmando o que não queria aceitar. Não tive forças para sair do quarto e enfrentar a realidade. Acabara de perder um amigo de fé, um irmão, camarada. Permaneci deitado, repassando à semelhança de um filme todas as cenas e risadas que demos juntos nessa passagem por este plano espiritual.

Quando me levantei, era já quase noite. Reuni forças, pois sabia que teria um velório pela frente, que estava acontecendo na Assembleia Legislativa, no Ibirapuera.

Segui para lá, conversei com seu cunhado e então empresário Pedro Mello, abatido com o fato. Os demais familiares haviam ido descansar, pois estavam ainda em estado de choque com o ocorrido e o modo como se dera: Jair foi encontrado já sem vida na sauna em sua residência, em Cotia.

No dia seguinte pela manhã seria o sepultamento, mas não compareci. Optei por manter vívida a memória do amigo e grande artista dos festivais da canção popular brasileira, com quem bater um papo assim gostoso só fazia bem!

Passados os dias, com certa regularidade, sonhava com ele, sempre sorrindo, muito alegre. Quando acordava, meio confuso, ficava em dúvida se ele havia mesmo partido, tamanha alegria que espalhara por onde passou, transmitindo por seu DNA um forte legado impresso em seus filhos Jair Oliveira e Luciana Mello.

15. DJALMA PIRES

Você não vai encontrar/ Em outro peito a mesma estadia/ Você não vai encontrar/ Em outro alguém a mesma mordomia

("Samba de ninar")

Certa tarde, enquanto eu trabalhava como discotecário e programador nas Emissoras Associadas, surgiu um rapaz com um compacto em mãos da gravadora Continental, com um samba de Paulo Vanzolini intitulado "Chorava no meio da rua", voz e tipo físico semelhantes ao do sambista de sucesso no momento, Jair Rodrigues; motivo de comparações e polêmicas.

Djalma era incansável na divulgação de seu compacto, pois acabara de sair da condição de calouro para artista profissional. E era assim que se formavam os grandes artistas.

Além das minhas outras funções, na época era responsável pela pesquisa dos discos mais vendidos da semana para a parada de sucesso semanal da Rádio Tupi, e tinha de visitar as principais lojas de discos da cidade. Na realização desse trabalho, sempre encontrava o Djalma nas lojas, pedindo aos lojistas que o apontassem entre os dez compactos mais vendidos, pois era amigo de muitos lojistas e isto era comum. Não alterava a pesquisa, o que pesava eram os cinco primeiros, tanto compactos quanto LPs.

Ficamos amigos quando saí das Associadas e fui para a Beverly. Djalma havia sido contratado e estava lançando o seu primeiro LP, *Corre Gira*, e eu passei a ser o divulgador que o acompanharia nos vários programas de TV, como os de Silvio Santos, Chacrinha, entre outros. Ainda na Beverly, ele gravou *Samba sem Viola*, acompanhado pelo impecável conjunto Originais do Samba, sucesso nacional! Nessa época, estávamos sempre juntos: ia muito a seus shows, e já fazia parte de meu roteiro de trabalho.

Sempre foi artista e o próprio empresário. O profissional que mais esteve próximo a ele nessa condição foi o amigo José Sotero, mas a última palavra era do Djalma.

Uma lembrança carinhosa foi no meu aniversário certa vez em que, no meio do show, ele parou e disse: "Hoje é aniversário do meu amigo Niltão, divulgador da gravadora e meu amigo pessoal. Peço uma salva de palmas, e esta música vai para ele...".

Também éramos amigos das noitadas paulistanas e das cidades do interior paulista. Certa vez, em Ribeirão Preto, ao final de um show dele, fomos a um bar dançante. Djalma avistou numa mesa próxima duas pessoas de cabelos longos. Com apressado entusiasmo, disparou: "Vamos chamar aquelas duas moças para dançar...". Quando nos aproximamos, o que vimos foi um casal de namorados, mas ele já chegou falando, dirigindo-se a uma das pessoas: "Vamos dançar? Eu danço com você, e meu amigo com sua amiga." Obviamente que o fora não foi maior do que o constrangimento. Não foi nada fácil sair daquela situação; mas ao final ficou tudo bem.

Colecionamos várias histórias das quais tiramos muitas gargalhadas quando nos encontrávamos, como quando ele comprou o primeiro Fusca. Ele levou a orientação de testar os freios ao pé da letra e, sem piscar, enfiou bruscamente o pé no freio, naquele tempo em que não se fazia valer a cultura do uso do cinto de segurança. Passado o susto da freada brusca, rimos muito.

Noutra ocasião, Djalma foi contratado para um show em Loanda, no Paraná; o suficiente para sair propagando que iria para a África fazer um show!

De outra vez, foi se apresentar no Uruguai com o famoso maestro Caçulinha. Horas antes do show, saíram para fazer compras e ele ficou louco por um casaco de couro que viu numa loja. Ficou perguntando ao Maestro quanto custava em dinheiro brasileiro, já que não falava o idioma local, e só deu sossego quando conseguiu efetuar a transação. Mas decepcionado por gastar mais do que o valor do cachê.

Quando me casei pela primeira vez, foi meu padrinho de casamento; tempos depois, ele se casou e minha ex-esposa e eu fomos padrinhos do casamento dele.

Ficamos algum tempo sem nos ver, pois estava casado e com filhos pequenos e na correria da afirmação profissional; e Djalma cuidando também de sua carreira.

Mais tarde, trabalhando na gravadora Continental, em 1987, tive a oportunidade e a honra de contratá-lo, e gravamos nos Estúdios Gravodisc, com verba limitada e autorização do diretor Wilson Souto, o sucesso "Samba de Ninar".

Depois, já na Paradoxx, lancei *Os grandes sucessos de Djalma Pires*, obra que consta do catálogo até hoje. Este foi o seu último grande trabalho. Com a crise por que passou o samba, e a fase de declínio, vieram a depressão, o AVC, e assim calou-se a voz do grande sambista e amigo.

16. CHICLETE COM BANANA

Voa, voa/ Voa, voa/ vem direto pros meus braços/ Quero ter os seus amassos/ Vem voando pra me ver/ Voa, voa/ Vem voando pro seu ninho/ Pois ninguém vive sozinho/ Eu não vivo sem você...

("Voa, Voa")

Como já relatei, em 1986 estava contratado na função de Gerente Artístico da região do Nordeste pela gravadora Continental, e tinha sido designado para trabalhar na divulgação de alguns cantores e grupos, como o Chiclete com Banana, mas ainda sem a projeção que o grupo viria mais tarde alcançar, tendo como vocalista principal Missinho; e Bell Marques como guitarrista e vocalista, além de sócio da banda juntamente aos seus irmãos Wadinho e Wilson.

Numa das minhas várias idas a Salvador, nas quais me hospedava sempre no Hotel Mar Azul, na Barra, estava acertando com a banda uma programação com o SBT, no *Domingo Legal* do então apresentador Gugu Liberato.

Certa tarde, Bell passou no hotel em um carro Santana, zero, e me convidou para acompanhá-lo até a cidade de Feira de Santana, onde iriam se apresentar na Micareta de Feira, o maior carnaval fora de época da Bahia, que acontece desde 1937, conhecida como "O carnaval de abril que sacode o Brasil". Admito que não tinha, até esse dia, a dimensão do que era uma micareta. Por isso que, da portaria mesmo, entrei no carro, e fui imaginando que fosse um show e que voltaria na mesma noite.

Que nada, ficamos na cidade por três dias. Precisei comprar itens de higiene e algumas roupas; outras, usei de Wadinho, que era o mais alto deles. Até então nunca havia entrado num trio elétrico.

À noite fomos para o circuito, na avenida Presidente Dutra. Uma loucura!!! Uma multidão que nós, da gravadora, não tínhamos conhecimento da proporção do evento e da popularidade da banda.

Ao final do circuito, houve um desentendimento entre Bell e Missinho, e este desceu do trio para nunca mais subir. O que significa que deixara de ser integrante da banda naquele dia, tendo Bell assumido como principal vocalista, bem como a voz que respondia por toda a banda em todos os sentidos.

Naqueles dias, na então afamada Pousada do Cajueiro, onde estávamos hospedados, durante o café da manhã, certo rapaz portando um violão insistia em mostrar uma de suas músicas para a banda. Ele argumentava que estava batalhando por uma oportunidade para mostrar seu trabalho como compositor, pois já era um percussionista conhecido. Bell recebeu o rapaz, eles conversaram, e desse encontro acabou que o tal rapaz, até ali anônimo, teve sua música "Meia lua inteira" gravada pela banda, e hoje o conhecemos como o reconhecido artista, produtor, multi-instrumentista e presença definidora no júri dos programas musicais globais *The Voice Brasil* e *The Voice Kids*, o querido Carlinhos Brown.

Seguindo com a história do Chiclete com Banana, fui designado a fazer um trabalho especial para divulgação da banda em nível nacional. Cobrimos com o grupo as principais capitais: Salvador, São Paulo e Rio de Janeiro. Era uma agenda intensa, chegamos a participar do programa do Chacrinha para gravação na terça-feira; na quarta, show em Salvador; na quinta, gravação em São Paulo; no sábado, Chacrinha novamente, no Rio de Janeiro. Era uma maratona intensa, pois esta meta constava do contrato, e se a gravadora não alavancasse a carreira do grupo, já havia uma proposta de uma multinacional, prometendo tudo o que era solicitado por eles. Naquele momento, a música baiana estava em alta, e Chiclete com Banana tornou-se a bola da vez. Gravamos os principais programas das grandes emissoras.

No início dos trabalhos de divulgação em São Paulo, era frequente que, aos finais de semana, a banda ficasse no hotel e, não tendo agenda para domingo e segunda-feira, certa ocasião aluguei um ônibus, contratei um fotógrafo, levei-os para a Praia Grande para fotografar e arrumar uma atividade, pois era mais econômico do que a ida e volta do grupo para Salvador. Foi um trabalho de equipe que trouxe muitos frutos para a gravadora e para os artistas.

17. IVAN LINS

> *Ô Madalena, o meu peito percebeu/ Que o mar é uma gota/ comparado ao pranto meu, ê,ê,ê,ê,ê / Eu, certo/ Quando o nosso amor desperta/ Logo o sol se desespera/ E se esconde lá na serra...*
>
> ("Madalena")

Já conhecia Ivan Lins de encontros nas emissoras por que passei; mas em 1975, tendo eu ido trabalhar na Emi-Odeon, encontrei Ivan lançando "Somos todos iguais nesta noite".

Passei a acompanhá-lo nas suas vindas a São Paulo em rádios, TVs e shows. Nossa relação era de mútua responsabilidade e generosidade profissional.

Lembro-me de que, em 1977, estando eu às voltas com os preparativos do casamento, e em conversa com ele e Lucinha a esse respeito, sugeriram que eu marcasse a data para 17 de setembro, que era a data do casamento deles, pois seríamos muito felizes; além de terem gentilmente nos presenteado com os móveis da cozinha.

São lembranças de gestos sensíveis que caracterizavam a relação singela que os artistas à época construíam e mantinham com os divulgadores. Sinto-me afetivamente recompensado nessas décadas de trabalho pela trajetória construída e pavimentada na consideração e reconhecimento pelo meu trabalho.

Outro episódio marcante, para mim, ao menos, foi a mudança dele, nessa época, para a Universal. Como a Emi-Odeon tinha em seu *cast* os grandes nomes da MPB, havia uma disputa saudável entre alguns artistas, e isso era motivo para a concorrente aproveitar e contratar aquele que se sentisse, momentaneamente, insatisfeito.

Isso aconteceu com Gonzaguinha e Ivan Lins, que foram para a Universal. Eu, no cargo de supervisor de divulgação, fiquei chateado, é claro. Por esses tempos, certa noite, encontrei Ivan em um restaurante e o cumprimentei friamente. Inconformado com sua saída, parecia até que eu era dono a gravadora.

Passado pouco tempo, fui dispensado da Odeon. E quando encontrei Ivan novamente, ele nem se lembrava mais do ocorrido, e ao conversarmos a respeito rimos muito.

Mais recentemente nos encontramos em São Paulo no Bourbon Street e numa festa popular em Feira de Santana (BA), e é sempre uma alegria imensa. Ivan Lins é indiscutivelmente um grande músico e compositor brasileiro, muito reconhecido também em outros países e gravado por muitos grandes nomes da MPB.

18. REGINALDO ROSSI

Garçom, aqui nessa mesa de bar/ Você já cansou de escutar/ Centenas de casos de amor/ Garçom, no bar todo mundo é igual/ Meu caso é mais um, é banal/ Mas preste atenção, por favor...

("Garçom")

Uma grande amizade, uma ótima lembrança. Já era admirador de Reginaldo Rossi desde o início de sua carreira. Curtia suas apresentações na TV e seus primeiros sucessos: "O Pão" e "Pra que chorar".

Conheci ele pessoalmente nos anos 1970, na casa dos amigos Clovinho e Cida, que confeccionavam as roupas para alguns artistas, como Djalma Pires, Cléo Galante, Ângelo Máximo, para o próprio Reginaldo, para meu parceiro Acácio e para mim também. Clovinho queria ser também cantor e compositor, mas a costura ocupava demais o seu tempo e não lhe permitia realizar o sonho. Reginaldo estava frequentemente em seu ateliê, na rua São Caetano — endereço da alta costura à época e um *point* onde nos encontrávamos para conversar, enquanto almoçávamos e ele me mostrava suas composições.

Papo vai, papo vem, Reginaldo, que, naquele tempo, dirigia um lindo Karmann Ghia vermelho, revelou que estava comprando outro, de mesmo modelo. "O carro dos meus sonhos", disse eu a ele, que, para minha surpresa e alegria, ofereceu o que dirigia para eu comprar. Ele explicou que o carro estava financiado, e ele passaria para mim o carro e o carnê com as dezesseis parcelas restantes. Aceitei e fechamos o negócio na hora. Garoto novo, assim, via meu sonho sendo realizado.

Mas eu morava numa pensão, na rua dos Bandeirantes, no Bom Retiro, juntamente com os cantores Wando, Dino Rossi e Cléo Galante. Nessa época, eu era divulgador na Beverly, na rua dos Gusmões, e o salário ainda não era suficiente para fazer frente a uma vida que eu já idealizava e achava que merecia. Resultado: não consegui honrar as prestações.

Com três atrasadas, Reginaldo me propôs devolver o valor que eu já havia pagado e eu devolveria o carro para ele. Eu lhe disse que nem precisaria devolver o dinheiro, mas a sua generosidade falou mais alto, e sua atitude naquele momento foi providencial.

Meu sonho foi adiado, mas senti o gostinho de dirigir o Karmann Ghia no estilo cabelo ao vento, com gente jovem reunida.

Reginaldo seguia cada dia mais fazendo sucesso. Com o passar do tempo e a administração de nossas carreiras, nos separamos por um tempo, vindo a nos encontrar mais tarde.

Estando como sócio da Paradoxx, tomei conhecimento do vencimento de seu contrato com a Sony Music. Ele queria uma luva para a renovação do contrato, e a Sony não se mostrou muito disposta a oferecer. De pronto, liguei para ele, que estava em Recife, sua cidade natal, e expliquei a ideia de conversar na Sony. O prazo terminava no dia seguinte, então tínhamos de agir rapidamente. Combinamos um almoço para o dia seguinte.

Conversei com um dos sócios na Paradoxx e reservamos passagens para a manhã seguinte. Chegamos às 11h no Recife, às 13h estávamos no restaurante, e apresentamos nossa proposta. Ele ficou de conversar com a Sony.

No dia seguinte, soubemos através do empresário João Condil, maior distribuidor e lojista do país, que a Sony Music cobriu a oferta e renovou o contrato. Ficamos felizes com a negociação, e Reginaldo, satisfeito ao reconhecer que nossa ida a Recife havia sido fundamental para o desfecho da negociação, pois a Sony não queria perder seu grande vendedor, além do nome de expressão, no momento, para uma gravadora nacional, que despontava no mercado.

Além de compor e cantar muito bem, inclusive em francês, Reginaldo Rossi foi professor de matemática e química, que, na equação, fechou a conta com o melhor resultado: talento artístico genuíno, amigo de grande generosidade e caráter nobre.

19. ÂNGELO MÁXIMO

> *Meu domingo alegre vai ser/ Pois pretendo sair com você/ Iê, Iê, Iê que dia feliz/ De mãos dadas vamos andar/ Muitos beijos iremos trocar/ Iê, iê, iê que dia feliz...*
>
> ("Domingo Feliz")

Máximo chegou à gravadora Beverly no início dos anos 1970, pelas mãos do compositor e cantor Cléo Galante, o qual foi imediatamente contratado pelo diretor artístico, sr. Luiz Mocarzel. Assim, tive a oportunidade de migrar da discoteca da Rádio Difusora para o trabalho de divulgação em uma semana, com o salário quatro vezes maior.

Ângelo havia chegado recentemente de Goiânia e foi dividir apartamento na av. Brigadeiro Luís Antônio comigo, Acácio Soares e Cléo Galante. Acácio, nessa época, trabalhava na discoteca da Rádio Mulher no bairro de Santo Amaro; enquanto Ângelo, cantando bem e boa-pinta, logo virou galã do programa do Silvio Santos, e a gravadora apostou todas as fichas em sua carreira. Sua primeira gravação foi a música "A hora do adeus".

Alguns episódios daquele tempo em que tudo era ainda muito "rudimentar" são lembranças que colecionamos e das quais rimos muito juntos quando nos encontramos para uma conversa solta e despretensiosa.

Certa ocasião, convidado para um show num ginásio no interior de São Paulo, promovido pela revista *Melodias*, ícone na divulgação dos acontecimentos artísticos da época, fomos informados de que a cidade, situada a trezentos quilômetros da capital, realizaria o show marcado para as 20h. Saímos da capital paulista por volta das 15h, em um Fusca dirigido pelo chefe de divulgação Oswaldo Bettio.

Seguíamos animados, e a certa altura começamos a nos incomodar pois a cidade nunca chegava. Eram tempos em que não desfrutávamos dos benefícios, certeza e tranquilidade dos aplicativos de localização.

Um pouco à frente, fizemos umas paradas para perguntar se a cidade estava próxima, e só éramos orientados a continuar em frente. Quando conseguimos chegar já era por volta das 22h, e encontramos o público deixando o ginásio, com a maior decepção e exaustão para todos.

Demos meia-volta e seguimos diretamente para o Rio de Janeiro, onde o programa do Chacrinha nos aguardava no estádio Caio Martins. Dessa vez, conseguimos cumprir a tempo a agenda.

Ângelo passou a compor seu estilo usando os emblemáticos macacões à moda Elvis Presley, confeccionados pelo nosso amigo Clovinho. Vivíamos em tribo, juntamente com Os Carbonos, a família Aguiar — Nalva e irmãos —, em cuja casa chegávamos habitualmente por volta das 20h, onde o jantar já era garantido: comida caseira e das boas.

Atualmente, sempre que posso, reservo um tempinho para almoçar no restaurante Maximo's, do amigo Ângelo, nas proximidades do shopping Morumbi. Ele também mantém uma vigorosa agenda de shows e segue sendo convidado para se apresentar em canais de TV.

Velhos amigos que continuamos sendo e que cuidamos de, com certa regularidade, nos encontrarmos para atualizar as novidades e relembrar os agitados tempos do início de nossas carreiras.

Amigo de fé, irmão camarada, esse é o Ângelo Máximo!

20. CLÉO GALANTE

> *Ah, se eu soubesse que o mundo amanhã iria se acabar/ Ninguém me segurava, eu botava pra quebrar...*
>
> ("Ah, se eu soubesse")

Cléo foi o primeiro artista que divulguei na Beverly e na minha carreira. Ele morava em Santos e marcávamos sempre de nos encontrar por volta das 9h; ele, que vinha da Baixada, chegava sempre no horário, enquanto eu, que morava próximo da gravadora, sempre me atrasava. Ao longo da carreira, fui entendendo que teria de ajustar o meu horário aos compromissos assumidos, pois divulgar artista significava encontrá-lo pela manhã na gravadora, percorrer as rádios ao longo do dia, fazer contato com as emissoras de TV para eventuais programas e acompanhá-lo à noite aos shows, que não tinham hora para acabar — e na manhã seguinte, começava tudo novamente. Essa rotina era extenuante, e por quase três décadas se fazia quase que exclusivamente de modo presencial, ou por telefone fixo, uma vez que não existia a tecnologia de telefonia móvel, o que teria agilizado em muito toda a organização das agendas, a minha e a do artista. Mas, com a pontualidade do Cléo, logo aprendi o que esse ofício exigiria de mim.

A empatia rolou rapidamente e, na mesma velocidade, o trabalho com ele. Cléo já tinha uma história artística iniciada: havia gravado com Demétrius, e Renato e seus Blue Caps. Somado a isso, eu também já vinha das Emissoras Associadas, onde passei por setores que me auxiliaram a enxergar de diferentes ângulos toda a dinâmica do trabalho de divulgação.

Como Cléo precisava morar em São Paulo, acertamos que ele iria passar a morar na pensão em que eu morava na praça Marechal. Assim foi feito, e de lá, depois, fomos morar na av. Brigadeiro Luís Antônio. Não tínhamos móveis, somente três colchões que compramos da dona da pensão lá da praça Marechal, além de nossas malas com os pertences pessoais.

Para a mudança, alugamos uma Kombi com carroceria para transportar nossas coisas. Quando descarregaram os colchões e caíram na calçada, foi uma nuvem só de poeira que quase parou o trânsito, foi *punk*!

A gravadora ficava na av. Liberdade, onde havia uma loja de móveis. Compramos um sofá-cama amarelo e trouxemos pela avenida, um segurando na frente, e o outro atrás. Foi uma odisseia levar até a Brigadeiro.

Para economizar na conta de luz, fizemos um acordo de não utilizarmos o chuveiro elétrico ligado. Isso aconteceu no verão, mas o acordo deveria ser permanente. Em junho daquele ano, um frio terrível em São Paulo, estávamos cumprindo o combinado. Certo dia, porém, passei no apartamento à tarde, fora do horário de costume, e só ouvi o chiado do chuveiro elétrico ligado. Rolou bate-boca e o acordo foi quebrado.

Moramos nesse prédio por mais de dez anos, sempre mudando de andar e alçando um espaço maior na quantidade de cômodos. Passaram por lá, como moradores, além de mim, Wando, Celso Ricardo, Ângelo Máximo e Acácio. Ali virou uma república musical, com muita música boa, conversa animada e amizade que dura até hoje.

Cléo em São Paulo passou a compor para vários artistas. Em seguida, gravou "Ah, se eu fosse você", que, não sabíamos, mas era um samba rock, e logo caiu nas graças dos baileiros da época nas casas noturnas. Foi e é um grande hit até hoje.

Cléo fez história depois como produtor, diretor de gravadora, descobridor de talentos como Gilliard, Bianca, Cintia e outros. Ele também relançou e produziu Peninha, além de ter outras composições gravadas e executadas com sucesso, como: "Quando alguém se apaixona", "Você vai ver que tenho razão", "Ah, se seu soubesse", entre outros.

Entre a vida artística e a pessoal, Cléo constituiu sua família, da qual teve um casal de filhos que, hoje, moram em Londres. Ele, para melhor cuidar de sua saúde, vive em uma casa de repouso em São Paulo, onde com relativa frequência o visitamos para relembrarmos e celebrarmos a amizade construída para além do cenário artístico. Conduziu sua trajetória de modo cuidadoso enquanto refletia sobre a vida, a poesia e as relações humanas.

21. ODAIR JOSÉ

> *Pare de tomar a pílula, pare de tomar a pílula, porque ela não deixa nosso filho nascer*
>
> ("Pare de tomar a pílula")

Em 1973, eu era contratado pela gravadora Philips, uma multinacional que tinha em seu *cast* os grandes nomes da MPB da época, entre eles Elis Regina, Caetano Veloso, Gilberto Gil, Chico Buarque, Jair Rodrigues, Raul Seixas, Tim Maia, entre outros. Havia também o maior artista popular daquele momento, o jovem goiano Odair José, que, em vendagem, superava todos os nomes que citei.

Odair ficou conhecido como o cantor das empregadas domésticas, mas suas músicas logo caíram no gosto popular geral, pois embora não tratassem diretamente sobre temas considerados à época subversivos — afinal, vivíamos os tempos de chumbo —, referiam a questões totalmente contrárias aos ideais do regime vigente.

Naquele ano, aconteceu no Parque Anhembi, em São Paulo, o Festival Phono 73, uma iniciativa do presidente da companhia sr. André Midani, cuja ideia era colocar os principais artistas da gravadora num evento que duraria três dias.

A apresentação de Odair e Caetano cantando o grande sucesso de Odair José "Eu vou tirar você desse lugar" causou grande impacto. Primeiramente, entrou Odair cantando sob uma grande vaia; em seguida, entrou Caetano, sendo muito aplaudido; e assim foi atingido o que a organização do festival queria.

Eu estava acompanhando Odair José nessa época, que ficou indignado com a recepção do público, mas foi muito bem acolhido por todos os artistas presentes e pela equipe da gravadora. Saímos depois para jantar e beber no melhor restaurante de São Paulo naquela época. Odair bebia com maestria e sem parcimônia; aliás, todos nós.

Postura frequente das gravadoras eram as festas de confraternização com todos os funcionários ao final de cada ano de trabalho, e naquele não foi diferente.

A festa foi organizada com a usual presença do artista de maior destaque da gravadora no ano, que no caso era Odair José, o sucesso de execução e vendagem. No dia, fui designado pelo supervisor de divulgação para aguardar no escritório a chegada do Odair e acompanhá-lo até a churrascaria, onde ocorreria o evento. Estava marcado para ele chegar às 13h, e eu e o vigia ficamos o aguardando no escritório. Deu 15h, e nada. Sem entender o que estava acontecendo, acabou que não fui à festa, nem o artista, que justificou sua ausência pela perda do voo.

Fiquei muito chateado por não ter ido, pois sabia que haveria premiação para os divulgadores que melhor cumpriram a meta de trabalho naquele ano, e eu estava entre eles.

Somente depois soube o que acontecera. Minha ida ao evento tinha sido sabotada. Durante a festa, no momento do anúncio do meu nome para receber o prêmio, fez-se um silêncio, pois eu estava ausente. O presidente da gravadora soube da minha ausência e da aparente razão por que não compareci, e esbravejou com o supervisor, lembrando-o de que havia determinado que todos os funcionários estivessem presentes ao evento. Ao retomarmos o trabalho, o presidente chamou-me ao escritório, ainda visivelmente irritado, pois me recomentou dar um soco na cara do supervisor. Na hora não levei muito a sério.

Mas o tempo, por si, deu a bofetada na cara e no corpo daquele homem que, travestido de supervisor, sabotara o reconhecimento público da eficiência do meu trabalho. Certo dia, décadas depois, já sócio da gravadora Paradoxx, minha assistente anunciou que na portaria encontrava-se um homem que queria falar comigo, e anunciou o seu nome. Tendo identificado como aquele supervisor do fato relatado, pedi para que o trouxessem a mim. Para minha triste surpresa, não só o reconheci, como o vi maltrapilho e em condição de necessidade material, tendo ido a minha procura, pois soubera que eu me tornara sócio de uma gravadora e que imaginava que pudesse ajudá-lo.

Diante daquela situação lamentável, ajudei no suprimento de suas necessidades imediatas, mas ele já não estava mais em condições de trabalhar. O episódio me levou a pensar e a refletir sobre certos equívocos que se tornam verdades.

Para um homem negro, vivendo há mais de cinquenta anos no universo dos mitos artísticos, demorei a saber o sentido do mais importante deles: o mito da democracia racial. Ao contrário do que deveria saber, eu cumpri o objetivo da propagação do mito, da crença de que a convivência entre as pessoas brancas e negras, como eu, fosse de direito e de fato igualitária, fraternal e justa, em todos os momentos; e colaborei por muito tempo para a manutenção dessa lógica silenciosa e perversa.

Apesar disso, a avaliação que faço da minha trajetória profissional e pessoal é de que ela foi bem-sucedida; porém, o êxito, para muitos de nós, vem acompanhado de muito mais esforço e dor, em consequência do tempo exigido para o alcance dos resultados. Uma boa parte não vive para ver.

Quanto ao Odair José, fiquei um bom tempo sem encontrá-lo depois do episódio da festa. Muitos anos mais tarde, já como divulgador na Emi-Odeon, Odair foi contratado, e eu passei a trabalhar seus discos.

O vínculo já existia, e a amizade foi crescendo, até que após a minha saída da gravadora, passei a empresariá-lo e a viajar com ele por todo o Brasil, agenciando os seus shows.

As histórias que ficam desses tempos nos levam a situações muito inusitadas que vão para muito além das incumbências específicas do trabalho artístico.

Certa vez, fomos para Londrina, eu, Odair José e Fernando Mendes para a inauguração de uma loja do Pão de Açúcar, e o hotel que havia sido reservado para nos receber estava em péssimas condições: as paredes da suíte úmidas, toalhas mofadas, odor desagradável; enfim, impossível de ser ocupado.

A viagem tinha sido cansativa, e Odair e Fernando já chegaram e se jogaram na cama. Eu já fui logo dizendo: "Eu que não vou ficar aqui! Me esperem na recepção que eu já volto!". Tomei um táxi e pedi ao motorista que me levasse ao melhor hotel da cidade.

Chegando lá, conversei com o gerente e me apresentei como o agente artístico do cantor Odair José, dizendo que estávamos na cidade para uma apresentação musical da inauguração da loja do Pão de Açúcar. Não demorou nada, e ele logo me apresentou a chave da melhor suíte.

Voltei para o hotel anterior para buscar Odair e Fernando; lá me deparei com o gerente bastante zangado. Já fui logo dizendo a ele cobrar a diária e pedi que fizesse a gentileza de comunicar ao pessoal da organização do show, quando fosse nos apanhar para o evento, que nós estávamos no outro hotel.

Fizemos a troca do hotel, e os rapazes e eu ficamos bastante satisfeitos com a nova acomodação. O contratante é que ficou constrangido, pediu mil desculpas, justificando que foi a secretária quem fizera a reserva, mas ao final tudo se ajeitou. Odair, sempre espontâneo e generoso, dizia com entusiasmo: "Isso é que é empresário, sabe cuidar da imagem do artista em todos os sentidos".

Show realizado com sucesso, era hora de partirmos de Londrina. Na volta, tomamos o Fokker, que faria uma escala em Presidente Prudente, onde fomos direcionados para outro avião rumo a São Paulo. Era um avião pequeno, Bandeirantes, fabricado no Brasil, e havia relatos de acidentes ocorridos com esta aeronave; por isso, eu estava com dúvida e muito medo de embarcar. Fui o último passageiro e cheguei a atrasar o voo a ponto de a tripulação esbravejar: "O senhor vai com a gente, ou vai ficar?". Pensando em encarar uma viagem longa de ônibus, fiz os cálculos das horas e rapidamente decidi por entrar na aeronave, que voava muito baixo, mas acabou que deu tudo certo! Foi um alívio quando chegamos ao aeroporto de Congonhas. A partir daí, por muito tempo, passei a procurar saber o modelo do avião em qualquer viagem programada.

Foram muitas viagens e shows pelo Brasil ao longo desses cinquenta anos de atividade artística publicitária e empresarial. Com Odair José, nosso último trabalho foi uma excursão de quinze dias por várias cidades do Rio Grande do Sul. Ficamos sediados em Porto Alegre, num hotel no centro da cidade, e à noite saíamos para as apresentações.

Em alguns dias não havia shows; nessas ocasiões, passávamos o tempo no hotel, jogando baralho, tomando cerveja, e eu, que fazia anos que não fumava, retomei o hábito do cigarro, sob a justificativa da ociosidade.

Faltando alguns dias para o término da temporada de trabalho, com o desgaste da relação imposta pelo cotidiano, somado à saudade da família, nós nos estranhamos e eu decidi ir embora, pois estava difícil para mim. Encarei sozinho a viagem de avião até São Paulo.

Cheguei em casa estressado, sem minha comissão e, pior, fumando escondido. Meus filhos Joyce e Otávio já eram crescidos e, até então, não tinham visto o pai fumando, o que perdurou até o último dia daquele ano, quando definitivamente decidi não mais fumar: eliminei o hábito há cerca de 35 anos.

O grande momento dessa história foi quando Odair ligou em casa, semanas depois de minha volta, pedindo que eu fosse à casa dele para conversarmos e acertarmos as contas, o que eu já tinha dado por perdido, pois eu não havia concluído o trabalho.

Para minha alegria e alívio, ele repassou minha comissão integralmente, nós nos desculpamos pelo acontecido, e renovamos nossos votos de amizade e parceria — atitude que não é comum a um artista em relação ao profissional que cuida de sua carreira. A vaidade, nesses casos, é preponderante.

Nesses 55 anos de trabalho no meio artístico, Odair José, com certeza, encabeça a lista dos artistas mais humanos, simples, com franca consciência política e de classe. A retidão e o profissionalismo com que conduz sua vida pessoal e profissional, guardadas as especificidades artísticas, me remetem a outro parceiro e amigo por quem também nutri uma linda amizade, o querido Gonzaguinha, cuja morte foi o único evento que pôde interromper essa ligação.

Recentemente encontrei Odair em seu show "Na casa das Primas", no Sesc Belenzinho, aqui em São Paulo. Nessa noite, ao final do show, pudemos conversar e relembrar com alegria algumas dessas histórias, que sempre nos arrancam risos.

E encontrar Odair é sempre assim: uma alegria só. Artista que se manteve na vanguarda dos acontecimentos e sempre soube dialogar com diferentes gerações e segmentos da sociedade através de suas letras provocativas. Daí sua genialidade criativa e interpretativa e sua disposição para alcançar a simplicidade da vida, o que faz de sua obra um clássico. Sua riqueza artística é a minha também, pelo privilégio da convivência.

22. OLODUM

Eu falei Faraó/ Ê, Faraó/ Eu clamo Olodum Pelourinho/ Ê, Faraó/ É Pirâmide, a base do Egito/Ê, Faraó/ Que mara, mara, mara maravilha, ê...

("Faraó, Divindade do Egito")

Contratado pela gravadora Continental na função de Gerente Regional Artístico (GRA) sob a presidência de Wilson Souto Jr., eu viajava mensalmente para as regiões Norte/Nordeste para divulgação, promoção e contratação de novos divulgadores e vendedores, para me atentar aos movimentos musicais e aos novos artistas. Em uma dessas viagens, fiquei em Salvador por mais de dez dias e fui levado por um amigo até a sede do Olodum, que tinha acabado de realizar um grande Carnaval naquele ano.

No local, fui apresentado ao então presidente do bloco, sr. Petú, acompanhado de Euzébio. Eles me mostraram toda a infraestrutura e fiquei encantado com o que vi, me falaram do desfile daquele ano, conversamos bastante, e à noite foram até o hotel onde me hospedava com um aparelho de videocassete. Ligaram na TV do meu apartamento, inseriram uma fita VHS e me mostraram o desfile completo do Olodum daquele ano.

Foi amor à primeira vista: aquelas imagens, aquele batuque, aquela coreografia. Logo perguntei: "Vocês não têm contrato com nenhuma gravadora? Ninguém procurou vocês para gravar um LP, assinar um contrato?". Petú disse que não. Então combinamos que, quando eu retornasse a São Paulo, falaria com o presidente Wilson Souto e voltaria a conversar com eles.

No dia seguinte, ao desembarcar no Aeroporto Internacional de Guarulhos, na mesma esteira de bagagem estava Wilson Souto, chegado da região Sul. Nós nos cumprimentamos e ele logo foi querendo saber como havia sido o trabalho em Salvador e o que eu havia visto de novidade, ao que eu imediatamente respondi que havia sido excelente e, sem pestanejar, logo comentei do Olodum, o bloco afro percussivo com letras maravilhosas, e assim nos despedimos. Em momento posterior, já de volta ao escritório, fui à sala dele e dei todos os detalhes da viagem, sobre o que vi, ouvi, conversei, e com ênfase na contratação do Olodum.

Passados alguns dias, foi a São Paulo o líder de audiência da rádio Itapuã (BA) e grande descobridor de talentos, Cristóvão Rodrigues (Ratinho), e, em visita à gravadora, trouxe consigo uma lista com sugestão de alguns nomes para apreciação da direção artística da gravadora. Nesse momento, eu estava na sala do presidente, que, após examinar a lista de sugestões, ironicamente, dirigindo-se a Cristóvão e referindo-se a mim, disparou: "Acho que meu gerente artístico, o Niltão, esteve em outro local, pois desde que retornou de Salvador, há uma semana, só fala de um tal bloco Olodum", ao que Cristóvão, meio desconcertado, pois até então não havia listado nem citado o bloco afro, responde: "É bom. Pode colocar na lista".

Daí, o que se seguiu foi o caminho sabido: Wilson foi a Salvador, conversou com Petú e com o então diretor do bloco, Euzébio, e acertaram os detalhes da gravação e lançamento do primeiro LP do Olodum pela Gravações Elétricas Continental.

Esta foi uma das minhas grandes satisfações profissionais: a de ter considerado a minha sensibilidade visual, auditiva e intuitiva desde que me deparei com o bloco pela primeira vez, seguida do ímpeto de apresentá-lo à gravadora para, juntos, num competente trabalho de equipe, alçá-lo à categoria de maior grupo afro da Bahia, do Brasil e do mundo.

Na ocasião também me tornei amigo de Neguinho do Samba, criador da batida do samba reggae, marca registrada do Olodum. Ao sair do Grupo Olodum, Neguinho do Samba fundou, em 1993, a Associação Educativa e Cultural Didá, também localizada no Pelourinho, em Salvador. O bloco é integrado somente por mulheres que apresentam condições financeiras precárias, vítimas de violência doméstica, sem acesso à educação formal, tendo como proposta dar suporte para que elas exercitem arte, cultura e cidadania — assim como o Olodum, cuja proposta artística, educativa e cultural transforma vidas, tanto as de quem dela participa quanto as de quem sensivelmente se envolve pela batida.

Hoje em dia, ir à Bahia e não ir ao Pelourinho para ver o Olodum é como ir a Roma e não visitar a praça São Pedro para ver Sua Santidade o Papa. Em minha visita a São Salvador, é sempre um prazer visitar a sede do grupo, assistir a um show e ser respeitado e recebido com carinho pelo atual presidente João Jorge (hoje à frente da Fundação Palmares), que conheci lá atrás na renovação do contrato do Olodum pela gravadora Continental, já reconhecido como o grupo de maior vendagem de disco e sucesso de show e público.

23. ZÉ PAULO

A gente não pode comer arroz/ A gente não pode comer feijão/ Ainda tem que andar descalço/ Sem ter que pisar no chão/ Deixa de bobeira/ Deixa de bobagem/ Já virou sacanagem

("Feijão com arroz")

Já havia me desligado da gravadora Continental em 1986 e estava iniciando como empresário e promotor/agenciador de shows, quando, por intermédio do produtor baiano Cristóvão Rodrigues, conheci Zé Paulo.

Ao chegar à capital paulista, Zé Paulo se hospedou no Hotel Jandaia, mais conhecido como o hotel dos artistas, e fui encontrá-lo para conversarmos, por conta de sua música de sucesso "Feijão com arroz", que compunha um LP de músicas baianas da Som Livre muito executado, embora o cantor/compositor fosse até então quase desconhecido.

Acertamos todos os detalhes e partir de então passei a ser seu empresário exclusivo, responsável por divulgá-lo e agenciar sua carreira nos principais estados em que sua música era tocada pelas emissoras de rádio e TV, sem quaisquer formalidades contratuais que assegurassem fidelidade de ambas as partes, como era comum acontecer e diferente do que se pratica hoje no meio artístico.

Comecei, então, a divulgá-lo e a vender alguns showzinhos de *playback*. Nesse meio tempo, foi lançado pela gravadora Continental um LP com a música "Rala o Pinto", de sua composição, com uma coreografia nunca antes vista por aqui, pois sugeria alguns movimentos obscenos e repetia a palavra "pinto". Mas o sucesso dos shows era "Feijão com arroz": todo o público cantava, pois era veiculada na TV Globo pelo anúncio da coletânea.

Através dos meus contatos, e com o apoio da gravadora Continental, Zé Paulo começou a despontar em programas de TV e começamos a fazer todos os shows, dos maiores aos menores, em todos os forrós — e eram muitos em São Paulo. Logo percebi que quando era anunciado "Zé Paulo, diretamente de Salvador (BA)", a bilheteria crescia. Fazíamos três shows por noite (*playback*) nessa época.

Quando ia oferecer o show em algum forró ou clube, e o proprietário ficava em dúvida sobre fechar o retorno financeiro, argumentava: "Se não gostar do show ou não formar público, não precisa pagar", tamanha era a confiança que eu tinha do artista e ele em mim.

Tive a satisfação de protagonizar algumas passagens no trajeto da carreira de José Paulo. Certa vez, indo fazer um show para o candidato Beto Mansur, em Santos, passamos por um apuro que valeu o riso por muito tempo, mas que não nos impediu de nossos objetivos artísticos.

Quando chegamos na descida da serra da via Anchieta, nos deparamos com um trecho com chuva, e os limpadores de para-brisa do meu Fusca estavam quebrados. Passamos a não enxergar nada do que estava à nossa frente e tivemos que reduzir a velocidade — o que nos afligiu mais, porque tínhamos horário marcado para chegar. No desespero, as ideias começam a surgir...

Buscando uma solução para o problema, percebi que estava calçando tênis. Não hesitei: tirei os cadarços, parei o carro, amarrei um em cada limpador de para-brisa, e eu e Zé Paulo acertamos: eu dirigia o carro e puxava um lado, e ele puxava o outro.

Finalmente conseguimos chegar e fizemos o show acontecer. Descansamos e, no dia seguinte, procuramos um autoelétrico, que trocou os fusíveis do Fusca, e tudo ficou certinho novamente.

A outra história foi com o apresentador de mais sucesso do momento, o DJ Eli Correia. Ele tinha um bailão na av. Radial Leste, e todo artista queria se apresentar lá, pois a divulgação era de muito alcance. Além disso, todo ano, Eli fazia o aniversário do programa no Ginásio do Ibirapuera, mas só se apresentavam os sucessos, e isso acontecia pela manhã, no domingo mais próximo à data comemorativa.

Em conversa com a produção, que agendava artistas que se apresentavam no forró, consegui colocar Zé Paulo para o sábado antes do show do Ibirapuera. A sorte quis que no momento da apresentação de Zé Paulo, Eli Correia estivesse lá e visse o público ir ao delírio, cantando a plenos pulmões o sucesso "Feijão com arroz" e vibrando com o artista.

Quando terminou a apresentação, Eli me chamou em seu camarim e disse: "Seu artista não está relacionado para o grande show de amanhã no Ibirapuera, mas chegue com ele no Ginásio por volta das 8h30 que vou colocá-lo na abertura".

Naquela noite nem dormimos; na manhã seguinte, conforme o combinado, às 8h já estávamos lá, levados pelo Fusquinha azul, meu carro naquele momento de que muito me orgulhava.

Início do show, ginásio superlotado, Eli anunciou duas atrações, quando, por volta das 9h30, anunciou Zé Paulo. Quando entraram os primeiros acordes da música, o Ibirapuera ferveu, todo o público cantando, foi "bisado" umas três vezes. Segundo a produção e os empresários presentes, Zé Paulo foi a grande atração da festa.

Quando desceu do palco e veio me abraçar, toda a multidão veio junto, querendo a atenção do artista. Naquele momento, fechei três shows.

Começamos a organizar a banda e a viajar pelo interior do estado e por todo o Nordeste, onde já era conhecido. Embora ele seja de Salvador, a capital baiana, à época, não aceitava que artistas solo negros cantassem o ritmo axé; somente em banda e lá no Pelourinho. Fizemos alguns ajustes na imagem de Zé Paulo, como o lenço na cabeça e camisas coloridas, que até hoje o caracterizam. Viajamos pelo Brasil todo, e juntos também fomos à Argentina na Caravana da Xuxa, uma frenética agenda de shows em Buenos Aires e Córdoba.

Zé Paulo somente entrava em cena se eu o anunciasse; além de cuidar para que, na euforia dos fãs, seu lenço não fosse retirado de sua cabeça.

Com a massificação de sua imagem transmitida pelos programas de TV, começamos a viajar por todo o Norte e Nordeste, por onde este estilo musical era muito bem aceito.

Em turnê pelo estado do Piauí, onde ficamos por quinze dias em um hotel cinco estrelas na cidade de Teresina, saíamos para os shows em diversas cidades, como Floriano, Picos, e retornávamos à capital, aguardando a próxima apresentação.

Certa tarde, o contratante local me ligou, dizendo: "Olha, o show hoje será na cidade tal. O motorista do vereador vai pegá-los no hotel por volta das 17h. A cidade fica a uns 150 km daqui, então vai ser um bate e volta. Os postos de gasolina não funcionam à noite, mas já acertei com o secretário do prefeito, ele vai deixar o combustível reservado para a volta após o show". Tudo acertado.

No horário combinado, o motorista chegou e seguimos viagem. No caminho, em determinado trecho da estrada de mata fechada, o motorista se virou para nós e disse: "Aqui é o local onde tem mais onças no Nordeste". Eu e Zé Paulo nos entreolhamos, e o motorista seguiu viagem.

Chegamos à casa do prefeito e fomos muito bem recebidos. Jantamos, e Zé Paulo se preparou para a apresentação. O grande momento chegou: a praça lotada de um jeito que parecia que toda a cidade estava lá.

Ao término do show, ainda no palco, o irmão do prefeito me pediu que o acompanhasse, juntamente com o motorista, para reabastecer o carro, um Opala preto executivo. Chegamos ao local: um curral cheio de bois, onde havia um latão de uns cinquenta litros do que deveria ser álcool, que foi colocado no veículo. Então retornamos para pegar o Zé Paulo, isso já por volta da 1h da madrugada.

Estrada afora sentido Teresina, rodamos uns trinta quilômetros até o carro começar a falhar. O motorista, achando estranho, disse que poderia ter sido o álcool, que era batizado. De repente, o carro parou. Zé Paulo está no banco de trás dormindo, e eu na frente, conversando com o motorista o tempo todo para ele não dormir — sempre faço isso quando viajo sentado no banco do carona —, já bem intrigado. Quando o motorista parou e abriu o capô do carro, uma espuma branca saía. Parecia um carrinho de algodão-doce. Ele me disse: "Acho que colocaram cachaça no tanque. Isto não é álcool, veja o carburador".

Naquela escuridão, o motorista pediu que eu pegasse a lanterna no porta-luvas e ficasse segurando para ele ter melhor visão ao tentar remover aquela crosta branca do carburador. Foi nesse momento que me lembrei do que havia me contado sobre ser o local em que mais havia onças, e era justamente naquele trecho. Comecei a suar frio e a olhar para todos os lados. De repente, vejo um vulto pulando na mata, e a lanterna caiu da minha mão. Não conseguia enxergar a maçaneta para abrir a porta rapidamente, e quando consegui já estava todo mijado.

Muito apavorado, tranquei a porta com o motorista para fora, acordei o Zé Paulo, e só saímos de lá quando passou um ônibus rural, daqueles que transporta galinhas e verduras. Isso foi bem cedo, antes mesmo de clarear o dia, e seguimos até a rodoviária.

Pegamos um táxi e chegamos ao hotel por volta das 7h, com o café da manhã já sendo servido. Nós dois suados e com a cara amassada de um sono mal dormido, tomamos um café rápido e fomos para as nossas acomodações.

Eu tomei aquele banho dos justos e dormi o dia todo para me refazer daquela epopeia e seguir com o artista para a apresentação seguinte.

O sucesso do artista e o êxito de nosso trabalho rapidamente circularam, e, em certa ocasião, um empresário de São Paulo me procurou em meu escritório para comprar três shows. Conversamos, firmamos o acordo e vendemos um pacote de shows para o Norte do Brasil: Manaus, Acre e Rondônia.

A turnê foi muito bem realizada, e o público recepcionou o artista com muita alegria. Já o trabalho, no que toca aos acordos verbalmente firmados entre o artista, o tal empresário/contratante e eu, acabou que as vaidades e os interesses comerciais foram expostos — como em qualquer meio em que egos aclamados pelo público se projetam — e sobrepostos ao carinho, respeito e empenho inicialmente dispensados ao projeto lá atrás, desde a sua concepção. A partir daí, deixei de ser o empresário de Zé Paulo.

O tal contratante começou a organizar os shows que comprara de Rosa Caires, companheira de Zé Paulo, e seguiu-se a turnê. No primeiro show, a carreta do som atropelou um cavalo e tombou, e o show precisou ser cancelado; no segundo, uma tempestade alagou a cidade, e o show teve de ser transferido; e no terceiro, pelo que soube, porque a gente sempre fica sabendo, cancelado, ou seja, não aconteceu.

O empresário, muito contrariado com o ocorrido, da altura de seu desconhecimento sobre os movimentos do sagrado, deu para dizer — e as palavras têm poder — que eu era macumbeiro e que andava fazendo "coisas" para os shows não darem certo. Certamente não precisei fazer nada. Sou filho de Xangô, e sua energia — simbolizada por seu machado — não permite que injustiças tenham êxito sobre seus filhos. Kaô Kabecilê!!!

Trabalhando a carreira de Zé Paulo e acompanhando-o aos shows, fui aprendendo a ser empresário, produtor e ter a autoestima aumentada.

Já estava chegando aos 40 anos, e com todas a pressões e cobranças sobre mim e à minha volta, e cada vez mais próximas, fui buscando superar a crise dos 40. A partir daí, minha carreira começou a deslanchar, e passei a ter mais confiança em mim e em meu trabalho.

24. BLITZ

> *E realmente a gente era/ a gente era um casal sensacional/ você não soube me amar...*
>
> ("Você não soube me amar")

Nos anos 1980, chegou até a minha divulgação na Emi-Odeon um compacto promocional com a música "Você não soube me amar" de um lado, enquanto o outro estava riscado, isto é, inutilizado. Pela irreverência da banda e a qualidade do som, o sucesso foi imediato. Comecei, então, a agendar os programas de TV; o primeiro deles foi o do Silvio Santos, no quadro "Qual é a música?", dirigido pelo rigorosíssimo Luís Bento, que só programava sucessos. Enquanto conversávamos para programar o grupo, ele ia sintonizando as estações em um rádio, para ouvir as canções que estavam sendo tocadas. Em um tempo de quinze minutos de conversa, ouvimos a música umas cinco vezes, o que, de imediato, o fez colocar a apresentação da banda no quadro do programa.

No dia da gravação, Lobão, o então baterista, havia trazido somente as baquetas, e não a caixa, pois era dublagem; até então, sem problemas, porque os músicos da emissora também participavam, então pedi ao baterista do programa a caixa emprestada para a dublagem. Deu muito ruim, porque Lobão furou a pele importada da bateria, tamanha a força que empregou para tocar com suas baquetas, e a gravadora teve que arcar com o estrago.

Fomos seguindo com o trabalho de divulgação e fui me tornando *brother* de parte da banda, particularmente de Evandro, Juba e Fernanda Abreu. Havia outra vocalista, companheira do guitarrista, com quem o diálogo nem sempre era fácil entre eles mesmos. Mas artista também tem lá suas excentricidades e os dias de menor disposição; e assim fomos seguindo.

Era costume da Rádio América fazer, todo final de ano, um show no estádio da Portuguesa, onde se apresentavam os melhores do ano para uma premiação. Em 1983, a Blitz estava programada para participar. O problema é que os componentes não queriam ir ao evento receber o prêmio, e não havia quem os convencesse o contrário: nem gerente, nem diretor, nem eu. Quero dizer, não foi bem assim... A direção da emissora havia anunciado a ida da banda, e posteriormente foi sabido que ninguém queria ir.

Então advertiram que se a Blitz não comparecesse, a gravadora estaria proibida de executar as músicas deles por determinado tempo na rádio. Diante disso, arquitetei um plano: programei para o mesmo domingo em que ocorreria o show na Portuguesa uma apresentação da banda no *Programa do Silvio Santos*, mas em horário diferente, e acertei com o SBT de apanhar o grupo no Aeroporto de Congonhas pela manhã em uma Kombi.

Os integrantes chegaram e entraram na Kombi, e orientei o motorista que pegasse a marginal Tietê e entrasse no estacionamento do estádio, que já estava bem lotado, e me dirigi ao grupo, dizendo: "Aqui é o show da rádio; vamos entrar, fazer uma música, receber o troféu e partimos para o Silvio, ok?!". Evandro Mesquita, o vocalista da banda, num misto de surpresa e contrariedade, olhou para mim e disse: "De que lado você está?". Nesse momento, aproximou-se um diretor da rádio e falou: "Entrem só para receber o troféu!!".

Evandro e Fernanda Abreu entraram juntos, e os demais permaneceram na Kombi. Quando o apresentador anunciou a Blitz, o ginásio foi à loucura. Receberam o troféu debaixo de aplausos e ovação, e deram uma desculpa por não terem se apresentado cantando. Quando retornaram à Kombi, admitiram: "Poxa, que mancada!!! Não sabíamos a grandiosidade do evento!". Se desculparam comigo e fomos para o SBT gravar o "Qual é a música?".

Por aqueles tempos, o trabalho de divulgação exigia muito do divulgador: um saber e uma dinâmica muito próprios do profissional de relações públicas. O meu trânsito por esse caminho foi sendo aberto, mais exatamente cavado — ao contrário não somente das expectativas por mim imaginadas, mas também a despeito de todas as dificuldades e barreiras que se colocavam diante de mim. Com essa persistência e obstinação trazidas por mim na mala quando saí definitivamente de Lavras, fui ora batendo às portas que insistiam em se manter fechadas para mim, ora me mantendo atento às frestas que surgiam.

Não foram poucas as vezes que constatei dúvidas em relação ao que eu poderia ser capaz de fazer, mas nada disso foi suficiente para eu estagnar. Eu não podia. O único caminho era seguir em frente; e no trajeto, no meio de muitas dessas dificuldades, embaraços, empecilhos, houve também muitos "sim", muitos oásis encontrados.

Nesse ofício, ora a gente protagoniza a cena junto ao artista, ora a gente é figurante; outras vezes, antagonista; algumas tantas, espectador. Assim, foi num outro episódio com a banda Blitz, em que, numa coletiva de lançamento do LP da banda, no Hotel Eldorado, na av. São Luís em São Paulo, diante de um jornalista que fizera uma crítica que desagradara a Evandro — líder da banda —, eis que os dois se encontraram. Evandro ficou bem atento aos movimentos do jornalista, e quando ele se levantou para ir ao *toilette*, Evandro logo foi atrás. Dali já brotou uma briga feia, com bate-boca, empurrões e pescoções. É nesse momento que entram em cena os personagens para a dissolução do conflito de uma história de sucesso… "Para com isso, deixa disso." Mais uma para a coleção das risadarias.

Sempre que nos encontramos, é assim que relembramos as histórias da Blitz, a banda que continua há décadas no *hit*. O som é da pesada, e o rock 'n roll é para valer!!!!

25. LEANDRO E LEONARDO

Em vez de ficar pensando nele/ Em vez de vez de você viver chorando por ele/ Pense em mim, chore por mim/ Liga pra mim, não, não liga pra ele...

("Pense em mim")

Vou contar uma passagem marcante que o destino quis que fosse eu a estar lá. Estava no Aeroporto Internacional de Guarulhos no início dos anos 1990, em que as passagens aéreas eram mais baratas no horário da madrugada. O horário dos primeiros voos era às 5h, então tínhamos de acordar às 2h para chegar ao aeroporto às 3h. Uma verdadeira epopeia. Em um desses embarques, ao chegar ao aeroporto e fazer o check-in, já no corredor próximo ao portão do meu embarque, encontrei dois rapazes que havia conhecido dois dias antes no Hotel Jandaia em São Paulo, muito frequentado por mim àquela época por acomodar os artistas que chegavam à capital paulista.

Vinham esses rapazes de Goiânia para gravar seu primeiro LP pela gravadora 3M. Seus nomes eram Leandro e Leonardo. Ao me reencontrarem no aeroporto naquela manhã, naquele corredor, eles me cumprimentaram perguntando: "Como faz para pegar o avião para Goiânia? Estamos perdidos, é a nossa primeira vez que andamos nesse troço!". Olhei o painel e os acompanhei até o portão do embarque marcado no bilhete deles. E assim partiram para Goiânia e para o sucesso.

Depois disso, encontrei-os pouquíssimas vezes, mas em todas elas sempre nos lembramos com alegria desse episódio, e numa das vezes disse Leandro entre risos: "Isso faz parte da nossa história e biografia!".

Os irmãos nasceram para cantar e nos emocionar com suas canções; Leandro virou estrela antes, nos deixando aqui Leonardo, que segue honrando a sua memória e canta, com espontaneidade, irreverência e naturalidade, confirmando que é Deus quem aponta a estrela, a intensidade e por quanto tempo tem de brilhar.

26. ALMIR GUINETO

> *Deixe de lado esse baixo astral/ Erga a cabeça, enfrente o mal/ Que agindo assim será vital/ Para o seu coração/ É que em cada experiência/ Se aprende uma lição/ [...] O meu conselho é pra te ver feliz!*
>
> ("Conselho")

Quando chegou a São Paulo, Almir já tinha uma passagem como integrante do grupo Fundo de Quintal, do bloco Cacique de Ramos, do Rio de Janeiro. Foi nessa época que o conheci na escola de samba paulistana Camisa Verde e Branco, e passamos a nos encontrar no Bar do Amorim, *point* localizado em uma galeria na rua Augusta, onde às sextas e sábados rolava o melhor samba de raiz e partido alto, com a participação de vários compositores, entre eles: Waldir da Fonseca, Beto Scalla, Zé Roberto (Trio Ternura), e Pelado e Almir. Leci Brandão também sempre marcava presença, e juntos versavam novas composições até o amanhecer.

Logo Almir foi convidado a participar do famoso Originais do Samba, do qual seu irmão Chiquinho era um dos integrantes. A passagem dele foi rápida, e logo foi contratado pela gravadora Copacabana, pela qual lançou seu primeiro LP, cuja música "Ó Maria" era um grande sucesso.

Almir já tocava o banjo, instrumento que ele adaptou e tornou-se imprescindível na formação e na gravação dos sambas e pagodes que ouvimos atualmente. O dele, aliás, era verde e muito pesado.

Certa segunda-feira, no Botequim do Camisa, onde se apresentava na roda de samba com assiduidade, estava o jovem Reinaldo Zacarias, mais tarde conhecido como o Príncipe do Pagode, que já tinha muitas fãs. Almir tinha deixado o banjo dele sobre a mesinha da roda, e, numa cena de ciúmes no intervalo, a namorada de Reinaldo à época, uma moça bem brava, não teve dúvidas: pegou o banjo e tacou-lhe uma "banjada" na cabeça. Foi o maior furdunço.

Nesse período, eu estava montando uma banda para acompanhar a cantora Milena, minha comadre — madrinha da minha filha Joyce —, então convidei o Almir e o Branca di Neve, que era o melhor percussionista de surdo daquela época, requisitado para gravações dos principais sambistas da época; além de Xuxu, também do Camisa Verde. Um time da pesada conduzido pelo Almir. Fizemos algumas apresentações, principalmente na Baixada Santista, onde Milena era bastante conhecida, sobretudo por pagar muito bem a seus músicos.

Enquanto isso, Almir despertava interesse em várias gravadoras. Era reconhecido como a grande revelação do samba pelas composições e pela introdução do banjo. Contratado pela RGE, lançou vários sucessos que são cantados em todas as rodas de samba e regravados por vários artistas, e se tornou o Rei do Pagode, tendo ainda apadrinhado o grande sambista Zeca Pagodinho. Juntos fizeram grandes sucessos, lindas composições, abrindo caminho para a explosão do samba e do pagode até hoje.

Com o término do contrato com a RGE, Almir foi contratado pela Universal a pedido de seu afilhado Zeca Pagodinho. Chegou a assinar contrato, mas não houve trabalho, pois o disco não fez o sucesso esperado.

Nos anos 1997-98, eu já como sócio da Paradoxx Music, em conversa com o Almir, convidei-o para gravar um CD com participação de vários artistas. Era o que estava acontecendo naquele momento, e ele prontamente aceitou. Então produzimos um CD maravilhoso intitulado "Todos os pagodes", tendo como participantes Zeca Pagodinho, Alcione, Beth Carvalho, Jorge Aragão, seu filho Almirzinho, Sérgio Reis, e uma participação especial do *rapper* Mano Brown na faixa "Mãos", a grande sensação.

O CD tem arranjos e produção do maestro Lua Lafayete, e direção artística e escolha do repertório minha e do Almir. O trabalho foi gravado em São Paulo no Estúdio 43, e no Rio no Cia. dos Técnicos. Lembro-me bem de Zeca Pagodinho colocando voz na faixa "Saco cheio" às 9h da manhã, e de Almir e eu andando pelos morros do Rio de Janeiro, buscando autorização de alguns parceiros. Nós nos divertirmos muito.

Esse trabalho foi Disco de Ouro e ficou entre os melhores daquele ano no prêmio Sharp de Música. E virou um clássico, exaltado até hoje e disponível nas principais plataformas digitais. Almir ficou muito satisfeito com o resultado. Tive muito prazer em conceber e acompanhar, trazendo prestígio e lucro para a gravadora, que era conhecida como a pioneira em *dance music* no Brasil e, com este produto, marcava seu nome na indústria nacional discófila.

Sempre que nos encontrávamos, Almir declarava publicamente a importância de nossa presença e participação na consolidação de sua carreira. E embora fosse Salgueiro de nascimento, Almir participou do filme sobre a vida do grande Paulo da Portela com uma brilhante atuação.

Poeta nato, que, com certeza, tem o nome cravado na história e na memória da Música Popular Brasileira. "O verdadeiro poeta é aquele que põe a caneta nas mãos e deixa Deus escrever!"[4] Um rei nunca perde a majestade. Salve, Almir Guineto!

27. LUÍS MIGUEL

> *Dicen que la distancia es el olvido/ Pero yo no concibo esta razón/ Porque yo seguiré siendo el cautivo/ De los caprichos de tu corazón...*
>
> ("La Barca")

Ainda na gravadora Emi-Odeon, na supervisão de TV, fiquei encarregado da promoção do garoto Luís Miguel no Brasil, que até já era conhecido em parte da América Latina.

Luís Miguel chegou a São Paulo acompanhado de seu pai Luizito, do tio e empresário Paco, e de uma professora, pois estava em idade escolar; devia ter 12 ou 13 anos. Orientados pelo empresário Marcos Lázaro, que tinha em seu *cast* os artistas que faziam sucesso naquele momento, ficaram hospedados no Hilton na av. Ipiranga. Estávamos em 1983.

[4] Verso da música "Mãos", com participação especial de Mano Brown.

Da primeira vez foram mais de vinte dias trabalhando rádio, TV, imprensa. Para promover seu trabalho, levamos ao *Domingo Total* do Gugu, o grande programa popular da TV brasileira, que o recebeu como ídolo, e foram muitos os programas e compromissos artísticos.

Mais tarde, conversei pessoalmente com o Gugu para que Luís Miguel retornasse ao Brasil e sedimentasse o trabalho. Dias depois, fomos eu e Gugu para o Rio de Janeiro numa reunião com o presidente da gravadora para apresentar o plano, que foi imediatamente aprovado. Luís Miguel participaria de uma promoção, aparecendo em gravação durante quatro semanas e, ao final, se apresentaria ao vivo. Assim foi acordado e assim aconteceu. Foi um grande sucesso.

Como eu ficava todo o tempo com o artista-mirim e sua comitiva, tornou-se hábito levá-los a almoçar no restaurante Suntory, nos Jardins, onde as refeições são elaboradas em grelhas na presença do cliente. Nossas preferências eram lagosta, camarão, vinhos importados, e todos comíamos à vontade; a conta era sempre muito alta. Tudo era devidamente contabilizado, e apresentada a nota fiscal.

Certa ocasião, minha secretária à época, a jovem Ester Rocha, hoje diretora proprietária do site "O Fuxico", ao preencher o relatório de despesas deparou-se com uma nota de almoço tão alta, que, revoltada, desabafou: "Não ganho em um mês o que eles gastam em um almoço!!!!".

Aquilo me chamou a atenção de tal modo que providenciei, junto ao setor contábil da gravadora, uma verba semanal para as refeições dela.

A temporada de Luís Miguel em São Paulo seguia sem intercorrências. Como ficamos muitos dias juntos, quando o jovem estava com a professora, eu levava o pai e o tio para conhecerem alguns pontos turísticos da cidade.

Certa tarde, ao retornarmos para o hotel, um fato inusitado e inesperado ocorreu: o pai e o tio surpreenderam a jovem professora e o jovem artista aos beijos na sala de estudos anexa à suíte. Diante do fato, providenciaram a dispensa imediata da professora, e no dia seguinte ela partiu de volta para o México.

Naquela mesma semana, estava programada uma tarde de autógrafos com o jovem cantor e as fãs mirins, levados por seus pais para conhecerem a nova sensação: o ídolo *teen* cantando em espanhol. O local escolhido foi a então conhecida e badalada casa de dança Patropi. O evento tomou proporções inimagináveis. Foi tanta gente que compareceu, que foi preciso acionar a polícia militar para auxiliar na contenção do público, que em êxtase ocupava as ruas próximas, querendo invadir o local, congestionando, assim, o trânsito local em pleno horário do *rush*.

Foi uma situação muito tensa para mim, que, sem imaginar a proporção que o evento tomaria, tinha levado meu filho Otávio, com então três anos de idade. No momento da aglomeração, deixei-o em segurança no camarim juntamente com o artista, com que fizemos as fotos que compõem o apêndice deste livro, até que a organização fosse restabelecida.

Terminada a turnê, Luís Miguel voltou ao seu país para dar seguimento à sua carreira. Hoje já homem formado e sucesso em todo o mundo, mas foi para mim uma experiência profissional bastante enriquecedora, não somente do ponto de vista artístico, como também cultural, de modo mais geral.

28. TONINHO GERAES

Não, eu não estou/ Preparado pra te encontrar, amor/ Nos braços de outra pessoa/ Só de pensar já me causa dor/ Se o sonho acabar/ Se a fila andar/ Não vou aceitar facilmente/ Tente me preservar/ O que a gente não vê/ O coração não sente

("Se a fila andar")

Já conhecia o Toninho por meio da gravadora Odeon, pela qual lançou seu primeiro LP, que foi muito bem recebido pelo público e pela crítica, e esse trabalho o marcou, desde então, como um sambista dos bons.

Nos anos 1990, já na Paradoxx, eu o encontrei no famoso Hotel Jandaia. Ele buscava um lugar no meio artístico, e eu estava em divulgação de seus discos em São Paulo. Veio acompanhado de seu amigo, o também sambista Dunga. Geraes trazia seu CD, *Samba de Botequim*, à procura de uma gravadora para lançá-lo; e, naquele momento, as gravadoras não aceitavam produto pronto. Toninho não admitia ingerência em seu repertório, que já contemplava sua composição "Mulheres", um grande sucesso consagrado na voz do glorioso sambista carioca Martinho da Vila.

Lançado seu CD pela Paradoxx, firmamos uma parceria, iniciando um importante trabalho de divulgação, que foi sedimentando a carreira do artista como um compositor de excelentes sambas e um potencial sambista.

Toninho não vinha muito a São Paulo, pois tinha uma intensa agenda de trabalho no Rio de Janeiro; mas sempre que viajava para o Norte ou Nordeste, eu o acompanhava no trabalho da divulgação, bem como para representá-lo na negociação dos shows. Era início da década de 2010, e certa ocasião, numa turnê a Manaus, onde permanecemos por mais de uma semana, passamos por situações inusitadas que marcaram minha experiência profissional com esse artista tão único que é Toninho Geraes.

Num domingo de folga, combinamos de conhecer as quedas d'água de Presidente Médici, cidade no meio da floresta amazônica com lindas corredeiras. Contatamos o então amigo empresário musical Beto Balanço, um carioca há muito radicado nessa que é uma cidade de grande efervescência cultural, onde há o teatro mais antigo e imponente de nosso país.

Após o passeio, por indicação do colega anfitrião, fomos almoçar na única churrascaria da cidade. Ao chegarmos lá, estava às moscas, que tomavam mais a atenção do garçom abanando a "caravana" de insetos do que propriamente nos atendendo. Fome batendo e, devido ao esforço nas águas da cachoeira, encaramos a empreitada. Toninho e Beto, bons de copo, mergulharam na cerveja, e eu me segurando enquanto pensava na volta, pois estávamos a mais ou menos 120 quilômetros da capital, para onde teríamos de retornar no final da tarde. De pronto, pensei: "Quem vai voltar dirigindo sou eu; tenho filhos pequenos. Não vim aqui para correr risco no meio da floresta amazônica!".

À exceção das moscas, tudo mais seguiu dentro da normalidade até ali. Por volta das 17h, já anoitecendo, peguei do Beto a chave de seu Escort XR3, a sensação da Ford naqueles anos, sentei no lugar do motorista e iniciamos nossa viagem de volta para Manaus, quando ele disse: "A hora é agora, porque daqui para a frente é tudo muito arriscado: a estrada é vazia e ainda há o perigo do mosquito da dengue". A essa altura, já tomado por certa tensão, respirei fundo, invoquei um bom pensamento de pedido de proteção a Deus e partimos.

Toninho e Beto não paravam de falar, quando a não mais que vinte quilômetros de distância do local da partida, de repente, um buraco; na escuridão e em meio à folhagem que cobria a estrada, não consegui desviar, até porque nem enxerguei o tal buraco, só sei que passamos nele e já senti entortar a linda roda de magnésio — acessório dos carros da época que conferia status ao proprietário.

Verificada a extensão do estrago, iniciamos a troca do pneu, que também tinha sido danificado, com Toninho e Beto me zoando e esbravejando ao mesmo tempo. Mas ao pegar o estepe, verifiquei que a chave de rodas original não servia na de liga leve. Conclusão: estávamos no meio da selva e dos mosquitos, totalmente dependentes do surgimento de uma alma bondosa que pudesse nos ajudar a sair daquela já nada divertida situação.

Passada mais de uma hora, avistamos um farol que, à medida que se aproximava, foi se mostrando uma caminhonete velha, mas isso não importava. Toninho e Beto avançaram para o meio da pista a fim de serem vistos pelo motorista, fazendo sinal para que parasse. O camarada parou abruptamente e, tão assustado quanto nós, desceu engatinhando e segurando uma enorme espingarda, que mais parecia um fuzil, apontada para os dois, perguntando logo o que eles queriam. Sem titubear, e falando ao mesmo tempo, tentaram explicar que passamos com o carro por um buraco, que quebrou a roda e danificou o pneu, e por isso precisavam de uma chave de roda adequada para o conserto. Para alívio de todos, inclusive meu, que aguardava o desfecho da abordagem próximo ao carro, o rapaz baixou a arma e prontamente trocou o pneu para nós e nos levou até o borracheiro mais próximo, que era a uns oitenta quilômetros, quase chegando a Manaus. Mas foi uma verdadeira epopeia, pois a estrada era muito ruim.

À noite, ainda fomos a uma seresta. Como não sou de ferro, entrei para o time deles, afinal precisava extravasar depois de todo aquele dia. Regamos de cerveja a cantoria.

Já estávamos em Manaus havia mais de uma semana, nossas passagens estavam marcadas só para a quarta-feira seguinte devido à escassez de voos. Já cansado de tudo, liguei para a TAM, e havia um lugar para a segunda-feira. Conversei com Toninho Geraes, que ficou lá para o voo da quarta-feira, e assim fui para São Paulo, pois já estava saudoso da minha família.

Outro episódio inusitado que marca minha convivência com o Geraes, o que só se tornou possível devido à minha caminhada pela música, foi numa ocasião em que um amigo artista plástico brasileiro, mas radicado há muito tempo nos Estados Unidos, me convidou para irmos juntos ao Rock in Rio, pois tinha sido convidado por Will Cahroun, baterista da banda Living Colour.

Conversei com Toninho sobre a possibilidade de ficarmos em seu apartamento na Lapa, no Rio, já que ele estaria trabalhando no Nordeste. Tudo combinado e acertado, marcamos de chegar bem cedinho na manhã do dia definido para pegar as chaves, pois ele viajaria às 10h da manhã.

Assim que chegamos ao Rio, liguei para Toninho, que, tomado por surpresa, me disse que já estava no táxi e que havia se esquecido de deixar a chave na portaria, conforme havíamos combinado. Após um rápido silêncio, ele disse: "Como já estou chegando ao aeroporto, vamos fazer o seguinte: vou deixar as chaves com o engraxate que fica ao lado do café. Você vem para cá e pega aqui antes de ir para a Lapa". Fomos direto para o aeroporto rezando para o recombinado dar certo.

Chegando ao Galeão, apinhado de gente, corremos pelos corredores à procura de um engraxate próximo a um café. Levamos um tempo, e finalmente estávamos com as chaves em mãos. Aliviados, seguimos para o apartamento gentilmente cedido pelo amigo Geraes; contudo, mais surpresas nos reservavam.

Ao chegarmos, naquele calor abafado do Rio de Janeiro, estávamos loucos para um bom banho. Para nossa decepção, não havia água quente no chuveiro, pois o aquecedor estava com problemas, e Toninho não se importava em consertar, pois ele já tinha se acostumado a tomar banho frio. De início, meu amigo não entendeu muito bem, e eu me rendi ao banho fresco, aí foi só risada de nossa aventura e espanto ante a interação de visões de mundo de três homens tão diferentes: um mineiro carioca, um mineiro paulistano e um paulistano nova-iorquino.

Outro episódio que só poderia vivenciar com o amigo Geraes foi em São Paulo. Havíamos fabricado alguns exemplares do novo CD dele para divulgação, e Toninho iria levá-los para o Rio. Como estava com tempo, resolveu que iria fazer a viagem de ônibus e que ficaria até mais prático. Então, fui acompanhá-lo até a rodoviária.

Pegamos o metrô e, na conversa animada, acabamos passando da estação. Quando descemos para tomar o trem contrário, Toninho colocou a caixa de CDs no muro. Quando o metrô chegou, corremos apressados para dentro, a porta logo se fechou, e num estalo lembramos a caixa, que estava no muro da plataforma. A cena que se sucedeu foi hilária: Toninho ficou batendo nas portas para elas se abrirem, e nada, enquanto via as caixas ficarem para trás.

Na estação seguinte, Carandiru, descemos correndo para voltarmos à estação sem trocarmos palavra. Toninho pulou a catraca e uma segurança tentou barrá-lo. Ele, todo agitado, tentava explicar o ocorrido, e a funcionária, com a tranquilidade de quem rotineiramente presencia tal cena, passou um rádio para outro segurança e na sequência informou que as caixas estavam na bilheteria daquela. Voltamos, pegamos as caixas e Toninho finalmente embarcou para o Rio de Janeiro e eu voltei para casa, pensando que, com ele não tem erro, quando nos encontramos é sempre uma história a acontecer. Toninho Geraes, o mineiro mais carioca que já conheci, bom de papo, bom de samba!

29. BETO SCALA

Tem que ser agora, nega/ Tem que ser agora/ Não pondere, não discuta/ Nem que seja na força bruta/ Te arrasto pro barracão...

("Tem que ser agora")

Oriundo de uma família cem por cento musical, conheci o Beto por meio de seu pai, o compositor Umberto Silva, quando eu trabalhava nas Emissoras Associadas no bairro do Sumaré, em São Paulo, e seu pai acompanhava seus irmãos Robson, Jurema, e Jussara, componentes do Trio Ternura, no final dos anos 1960.

A amizade com o sr. Umberto floresceu rapidamente, parecia que já nos conhecíamos. Em pouco tempo, a família se mudou do Rio de Janeiro para São Paulo, e foi quando tive a oportunidade de conhecer os outros filhos: Miguel,

Zé Roberto, Décio e Beto Scala, que estava lançando seu LP pela RGE, gravadora da qual estava eu então contratado.

Iniciamos o trabalho em conjunto e nos tornamos amigos, e essa amizade já dura mais de meio século e algumas boas histórias. Uma delas nos fez vivenciar uma sucessão de decepções.

Em uma viagem para um baile em Bauru, num lindo Opala que Beto havia comprado, faltando uns cem quilômetros para chegarmos, a primeira decepção: o carro deu uma pane, ficamos na estrada. A segunda decepção: não pudemos chegar ao local do baile. Com algum sufoco, o que conseguimos foi, na manhã seguinte, um guincho para levar o veículo a uma oficina, que, após a avaliação do mecânico, e para nossa terceira decepção, só ficaria pronto dali a uma semana.

Retornamos de ônibus para São Paulo e na semana seguinte fomos buscar o Opala, que, para nossa quarta decepção, não conseguia desenvolver velocidade superior a quarenta quilômetros por hora. Levamos quase dez horas para percorrer trezentos quilômetros.

Em outra ocasião, Beto queria comprar um aparelho de som três em um, o *top* do momento. Então, fomos a um hipermercado no bairro do Aeroporto, direto para a seção dos eletrodomésticos. Escolhemos o modelo e ficamos aguardando que o vendedor, responsável daquele setor, viesse nos atender, mas parecia que ele nos olhava sem nos enxergar. Passado algum tempo, Beto dirigiu-se a ele e perguntou: "Qual é o preço desse aparelho?". O vendedor, sem sequer olhar para nós e virando as costas, respondeu: "É x".

Chateados com o péssimo atendimento e a má postura do vendedor, fomos a outro balcão para tentarmos realizar a compra, e já fomos logo dizendo que queríamos levar o tal aparelho. O vendedor ali perguntou qual seria a forma de pagamento, ao que Beto, em alto e bom som, a fim de que o outro vendedor que nos atendera de má vontade ouvisse, respondeu: "À vista". Claro, o vendedor indiferente apareceu na nossa cara, tentando levar a comissão da venda, dizendo que já estava nos atendendo. Em coro, nós dois erguemos a voz anunciando que não queríamos continuar com ele o atendimento que nem havia começado, e dessa vez a decepção foi do tal vendedor, que, visivelmente frustrado, nos viu falando com o colega para finalizarmos a compra.

Por esse tempo, estávamos sempre juntos. Passei a vender seus shows; éramos *habitués* nas casas noturnas. Nos fins de semana, batíamos ponto no Bar do Amorim, na rua Augusta. Com ele fiz minha primeira parceria musical, a música "Mariana Taturana". E seguimos na parceria e amizade nessa caminhada de meio século.

Mais recentemente, sua nova música "Capoeira e Candomblé", de nossa autoria, disponível em todas as plataformas digitais e no YouTube, lançada pelo selo Obi Music, selou mais um projeto realizado.

30. ALTAY VELOSO

> *Baby, a emoção me trouxe aqui/ Pra tudo o que o seu desejo for capaz/ Eu quero a sensação suprema dos mortais*
>
> ("Entra e sai de amor")

A primeira vez que Altay e eu nos encontramos foi quando estávamos contratados pela gravadora Polydor, nos anos

1970; ele como artista e eu como divulgador musical. Sua música "Entra e sai de amor", tema da novela global do horário nobre da TV *Roque Santeiro*, chamou muito minha atenção em relação à forma de compor e à maneira de cantar — e, principalmente, por haver pouquíssimos artistas negros na empresa. Depois disso, nos vimos muito pouco; eu em São Paulo, Altay no Rio de Janeiro. Mas teve um encontro na av. Nove de Julho que foi muito marcante.

Em 1975, já na Odeon, passei a acompanhar sua carreira e comecei a viajar para o Rio de Janeiro a trabalho. Nesse processo pude conhecer um pouco mais sobre ele, que se tornou um dos meus artistas preferidos. Nosso maior contato profissional foi em 1986, quando fui trabalhar na gravadora Continental e Altay era recém-contratado.

Mas a amizade nasceu mesmo por ocasião de um show da Rádio Itaparica, em Salvador, onde ficamos hospedados no mesmo hotel, o Mar Azul, na Barra, e desde então somos amigos e parceiros leais em vários projetos.

Tive a honra de participar desde o início de um de seus grandes trabalhos, a ópera "O Alabê de Jerusalém", uma produção de alta qualidade artística que projeta a genialidade de Altay, bem como a grandeza de seu talento, que deveria ser apreciado por todos os amantes da arte.

Um dos maiores artistas do Brasil, compositor, músico, cantor, teatrólogo, poeta e ator, ou seja, um artista completo, com quem tenho a satisfação de aprender diariamente ao nos falarmos madrugada adentro por telefone, pelo que é carinhosamente chamado aqui em casa de "o meu cliente da meia-noite".

Com criatividade refinada e infinita, nossas conversas potencializam projetos que idealizamos à medida que vamos olhando para a frente e pausando para a boa troca de saberes e impressões. Fazemos planos a curto e médio prazos, pois somos jovens — há mais tempo, é certo — e nosso tempo é agora.

Falar sobre Altay preencheria um livro todo, mas por ora basta dizer da felicidade de partilharmos esta existência espiritual e da admiração, que sei, é mútua. Somos irmãos, filhos do mesmo Orixá — Xangô.

Altay é minha grande referência ancestral, familiar, espiritual. Um homem de seu tempo, sempre atento às transformações havidas no mundo, à sua volta e no contexto mais amplo, sem, contudo, modificar a sua essência. Dono de elegância singular no trato com as pessoas e na expressão de seus trabalhos, pelo que é reconhecido pela classe artística como um genuíno *gentleman*.

Kaô Kabecilê! Salve o rei!

31. TOTÓ MUGABE

> *Brother vem dançar/ Que a banda começou/ É o samba Soul que o outro brother me ensinou...*
>
> ("Hora de união")

Foi em São Paulo que Totó e eu nos conhecemos, quando eu trabalhava na RCA Victor e ele era postulante a cantor. Com uma voz rouca e interpretação personalíssima, fez enorme sucesso nos anos 1970 com o seu samba *soul*. Um gênio que compunha e criava ele mesmo arranjos para as suas composições.

Totó foi o criador do samba *soul* no Brasil, tendo lançado a cantora Zuleide, cujo nome artístico Lady Zu —

criativamente sugerido por Totó pela inversão do nome original — a fez conhecida como parceira na gravação da música "Hora de União", um grande sucesso de execução e vendagem, com apresentações nos principais programas de televisão da época, tais como *Fantástico*, *Globo de Ouro*, *Buzina do Chacrinha*. Além disso, teve suas canções gravadas por vários artistas. Uma composição de sucesso foi "Não creio em mais nada", na voz do ídolo Paulo Sérgio.

Como produtor, criou o grupo Totó e Cia, do qual fazia parte Haroldo Alves, que Totó batizou artisticamente como Peninha. Eram amigos e parceiros inseparáveis.

Independentemente da música, mas sensivelmente tocado pelo movimento *black power*, Totó sempre sonhou em viver nos Estados Unidos; o que se concretizou no final dos anos 1980, tornando-se mais tarde cidadão estadunidense, adotando o nome de Antony Johnson Mugabe, e o nome artístico de Totó Mugabe.

Participou de grupos vocais na Califórnia, transferindo-se, depois, para Boston, onde trabalhou também como assistente nutricional.

A vida nos EUA foi a realização de um sonho que tanto acalentou. Quando vinha para o Brasil, gostava de passar uns dias em casa e outros na casa do Peninha. Numa das minhas idas a Miami, passamos uma semana muito agradável, curtindo a companhia um do outro, jogando boliche e assistindo juntos a shows pela TV, principalmente os transmitidos pela BGAT, a grande rede negra de TV dos Estados Unidos.

Totó faleceu lá em 2018, após ter sofrido um AVC e ter passado dias hospitalizado. Recebi a notícia imediatamente após o ocorrido por meio do cantor e amigo comum, Peninha, que fora avisado por Mahalia, filha de Totó que morava com ele nos EUA. Após tomar conhecimento do fato, liguei para algumas emissoras de TV, mas nenhuma noticiou seu falecimento, sequer uma nota sobre sua contribuição para a música brasileira, o que me causou muita tristeza e frustração.

Tenho esperança de um dia ainda produzir um "Tributo a Totó Mugabe", com a participação de Lady Zu, Peninha, Paulinho Camargo, Carlinhos Borba Gato e Celso Ricardi — amigos constantes na vida e na carreira de Totó —, além da presença de seu irmão Paulo Roque, multi-instrumentista e compositor que reside em Boston, também nos EUA, encaminhado na música por Totó.

Um genial artista negro brasileiro que, apesar de todo o talento, foi invisibilizado em sua terra natal.

14.

SOBRE AS EXPERIÊNCIAS DE PRECONCEITO E DISCRIMINAÇÃO RACIAL

Se preto de alma branca pra você/ É exemplo de dignidade/ Não nos ajuda, só nos faz sofrer/ Nem resgata nossa identidade...

("Identidade", Jorge Aragão, 1992)

SE É VERDADE QUE O DECORRER DA VIDA EMBRULHA tudo, certo também é que a passagem do tempo e nossas ações sobre ele se encarregam de movimentar os embrulhos e expor seu conteúdo.

Olhar para trás e ler as sutilezas da violência, a partir da experiência e dos conhecimentos adquiridos, mostra-se uma prática libertadora quando se objetiva trilhar o caminho da autorrecuperação; um caminho que nos auxilia a ser mais generosos conosco, buscando entender por que aquele trabalho para o qual despendemos tanto esforço e investimos tanto empenho e energia não virou para nosso lado, e descobrir que foi justamente porque toda a nossa energia e capacidade incomodava a ordem das coisas já estabelecidas. Por certo que não se apagam as marcas; contudo, atenuam-se os sentimentos de culpa, ao se desvelarem os mecanismos da perversidade do sistema que o engendra.

Conforme dados da pesquisa de 2003 da Fundação Perseu Abramo (FPA), "as pessoas não percebem a discriminação, muito embora 89% reconheçam que o racismo exista". Ainda conforme a pesquisa (2005, p. 92):

> No Brasil, o inferno sempre é o outro. A maioria diz que já viu ou presenciou algum tipo de preconceito ou discriminação, no entanto ninguém nunca os praticou. É sempre assim. É sempre o outro, e com a criminalização do racismo, isto fica ainda mais complicado, insisto em que a criminalização foi um grande avanço para a sociedade brasileira. Como agora o racismo é crime, todo mundo se policia, toma mais cuidado ao falar e ao fazer. Continuam discriminando, só que agora é de modo mais velado, mais oculto, com mais discrição e cuidado.

Não foram poucos nem suaves os episódios de preconceito e discriminação vivenciados por Nilton, que, desde o início da carreira, ainda lá na pacata Lavras dos anos 1960, desenvolveu suas atividades num círculo de relações interpessoais majoritariamente brancas.

Pensemos num tempo em que a imagem da boa convivência entre homens brancos e negros era sustentada pelo mito da democracia racial, que, na realidade, esboçava nada mais que a tolerância do contato interracial num Brasil mineiro da primeira metade do século XX, apenas 75 anos distante da abolição formal do sistema de escravidão no país: tempo insuficiente para a mudança de mentalidades e atitudes que pudessem assegurar os direitos e a integridade humanas da pessoa negra.

Não existe democracia racial efetiva, em que o intercâmbio entre indivíduos pertencentes a raças distintas começa e termina no plano da tolerância convencionalizada. Esta pode satisfazer às exigências do bom-tom, de um discutível espírito cristão e da necessidade prática de manter cada um no seu lugar. Contudo, nesses 55 anos de trabalho no meio artístico, na maior parte do tempo atuando como divulgador, nosso protagonista foi construindo uma carreira que, agora, tomando distanciamento no tempo e no espaço, compreende-se como tendo sido desafiadora para além do que foi ou deve ter sido para seus pares brancos.

***

Quando comparo meu trajeto com o de outros colegas, percebo que as demandas e as condições ofertadas exigiram esforços em visível desequilíbrio. A começar que não havia critérios pré-definidos e igualitários para a contratação, e era uma profissão, para a época, muito cobiçada, pois colocava o profissional em contato direto com artistas, comunicadores e jornalistas o tempo todo. Além disso, ganhava-se razoavelmente bem, o que conferia certo status no contexto social dos anos 1970 aos 1990.

Os divulgadores ou relações públicas, como éramos também chamados, tínhamos de estar sempre muito bem trajados, à semelhança dos executivos das gravadoras: sapatos bem engraxados, cabelos bem penteados — afinal, éramos os representantes dos artistas e a voz das gravadoras nos veículos de comunicação.

No meu início, as principais gravadoras eram estrangeiras. Não contratavam negros, e os poucos eram os próprios artistas, que, ainda assim, não tinham a divulgação, a mordomia e o empenho dados a um artista branco. As poucas gravadoras nacionais seguiam a mesma cartilha, cujo ambiente sustentava o preconceito e o corporativismo. Éramos apenas três ou quatro negros no segmento. Cargos de chefia e supervisão, nem pensar; os que furavam o bloqueio eram raros e tinham de provar rigoroso talento, sendo, por isso, lidos como não negros — e como tal se comportavam, pois não havia consciência racial nessa área.

Éramos desvalorizados na comparação com os brancos, de fato. O status, a manutenção diária e os compromissos assumidos, a hipocrisia, a falsidade, o egoísmo e as facilidades proporcionadas pela profissão digeriam todas essas mazelas, sentidas somente com o golpe da injustiça de uma demissão inesperada ou a substituição por um dos seus, que eram sempre contra a gente negra. A recolocação, por sua vez, nem sempre acontecia, trazendo muita dor e sofrimento, pois o espaço para a gente era restrito e disputadíssimo.

Hoje, quando analiso esses quase sessenta extensos e intensos anos dispensados ao trabalho no meio artístico, constato, para meu espanto, mas não surpresa, que não tenho tantos amigos quanto pensei que tivesse à época, naqueles tempos agitados e efervescentes em que a dinâmica do trabalho exigia um desembaraço comunicativo. Foi essa minha habilidade, nata e espontânea, que me abria facilmente portas nas rádios e TVs, mas que provocava em meus colegas uma velada indisposição para o estreitamento das relações.

Isso foi ficando evidente ao examinar, hoje, certos registros fotográficos dos eventos em que estive. Compareci na maioria deles, mas quase não há registro. Verdade que naquela época não havia a facilidade que há hoje para se tirar fotos, mas havia muitos fotógrafos contratados pelas gravadoras e assessorias, na maioria todos brancos, e eles já nos editavam no momento da foto — ou, como acontece algumas vezes, era fotografado, mas, quando a foto era publicada, eu não estava lá.

A esse respeito, um fato inusitado aconteceu quando fui convidado para ser padrinho de casamento de um então produtor/artista. O convite até me surpreendeu, dada a pouca intimidade com os noivos, mas estive no altar e fui fotografado. Quando meu compadre me mostrou o álbum, não havia uma foto minha e da madrinha que me acompanhava.

Além da minha frequente ausência nas fotos, o próprio silêncio em torno de eventos para divulgadores para os quais eu nem sempre era informado — ou era, mas já na última hora, dificultando assim minha organização.

E, mais recentemente, percebi a diminuição das ligações telefônicas a partir do momento em que me coloquei indisponível para aqueles que unicamente me contatavam para o esclarecimento acerca de alguma informação de seu interesse.

Ao olhar para trás e rever o caminho trilhado, a paisagem revelada e os caminhantes encontrados, tudo vai se desembaraçando e se mostrando aos meus olhos, aos olhos do espírito.

Poderia me sentir privilegiado por tudo o que acessei e pude oferecer a minha família, mas me sinto, na verdade, muito agradecido aos meus ancestrais, os meus e minhas mais velhos e velhas, a Exu e meus Orixás que me livraram sempre das armadilhas, pois privilégio mesmo não tive. O que tive, além da proteção já citada, foi muita obstinação, determinação e uma família para dar conta, com três filhos para encaminhar na vida e proteger, e muito amor pela música.

O aprendizado adquirido é outra coisa que precisa ser destacado, bem como os ótimos contatos. Por onde ando, de Norte a Sul do país, tenho ótimos contatos, muitos colegas e alguns amigos.

15.

A TRAJETÓRIA DE HOMEM NEGRO NA PRODUÇÃO MUSICAL NO BRASIL

Nesta praia de sol tão intenso/ Tanta gente a se bronzear/ Onde há branco querendo ser preto/ E mulato querendo esnobar/ Eu olhando pra onda que vai/ Penso logo nas praias de além-mar, de além-mar, de além-mar, de além-mar...

("Nego vem cantar", Martinho da Vila, 1974)

OS CONFLITOS, as dificuldades, as violências, as frustrações, as discriminações, bem como os enfrentamentos que ocorreram ao longo da vida (pessoal, familiar, escolar, profissional) contribuíram para a construção, tanto da sua identidade pessoal, como da consciência coletiva da imagem que se construía das gentes negras, no campo da cultura e da arte na São Paulo dos anos 1970, uma vez que o racismo como artefato da cultura expressa-se em todo o tecido social e, por isso, urge compreender sua relação com a cultura.

Para citar Fanon (1980, p. 36),

> Estudar as relações entre racismo e cultura é levantar a questão da sua ação recíproca. Se a cultura é um conjunto de comportamentos motores e mentais nascido do encontro do homem com a natureza e com seu semelhante, devemos dizer que o racismo é sem sombra de dúvida um elemento cultural.

As experiências racistas de Nilton são vivenciadas já na infância, o que para os nascidos nos anos 1950 e 1960 era comum, pois os pais e os avós, acostumados à escravidão, tratavam com certa "naturalidade" essas situações, reproduzindo, não raro, na convivência doméstica, falas e práticas opressoras. Mas o que feria mesmo eram as manifestações quando advindas dos espaços e pessoas do ambiente externo, hoje, nomeadamente, racistas. Nas palavras de Fanon: "Em uma cultura com racismo, o racista é, pois, normal" (*idem*, p. 44).

Nilton foi alvo de discriminação já na escola, pois em Lavras, cidade onde nasceu, havia somente dois grupos escolares de ensino primário. A organização das turmas era por classe social e cor, bem à semelhança do que ocorre fora dela.

***

O maldito racismo me persegue desde quando ingressei numa sala do grupo escolar da rede municipal de ensino, Padre Dehon, aos 7 anos de idade. Parece que eu já intuía, nessa idade, que aquele seria um lugar hostil, pois no primeiro dia de aula, ao ser deixado na porta da escola por minha irmã Marilda, assim que ela foi embora, dei um jeito de retornar para casa.

Pequeno e sozinho, a fuga foi a forma inocente de manifestar minha indignação. Na escola, ninguém deu por minha falta, mas em casa algum trabalho de preparo e convencimento deve ter sido feito, pois a partir do dia seguinte lá estive eu todos os dias.

Nós, os poucos meninos negros, sentávamos nas últimas carteiras, mas não por escolha. As crianças brancas chegavam para a aula com presentinhos (maçã, flores, sabonete) para oferecerem à professora e já ocupavam as primeiras carteiras próximas a ela, que a nós outros não dava atenção, muito menos acolhimento.

Foi nessa toada do sistema educacional brasileiro que fui seguindo, até chegar o tempo de conseguir me matricular no curso de admissão para o colégio Aparecida, da rede particular, dirigido por padres. O problema ali era meu irmão e eu sermos dois alunos negros numa sala mista com aproximadamente quarenta estudantes. Por essa época, tínhamos acabado de perder nossos pais, e assim saltamos do aconchego para o abandono.

As roupas não eram mais as melhores, os livros eram de doações de alunos, e a todo momento nossa mensalidade estava atrasada. Eu estudava na casa do meu tio à luz de lamparina, e trabalhava à tarde em sua sapataria.

Não havia, portanto, a possibilidade de continuidade na escola particular, pois também não havia consciência coletiva para uma educação desalienante no próprio sistema educacional. Aliás, o que havia nesses tempos era justamente uma política incentivadora à educação das crianças e jovens pertencentes à elite branca.

***

Lembremos as leis que impediram e/ou dificultaram a ascensão das pessoas negras, ou mesmo a ausência de pauta racial nos currículos escolares nos anos 1950, conforme Nilma Lino Gomes (2020, p. 31):

> Apesar de ter feito parte de polêmicas e debates em torno da aprovação da referida lei (4024/61), a raça operou mais como recurso discursivo na defesa dos ideais universalistas de uma educação para todos vigente na época. Uma análise mais detida dos documentos da época permite inferir que naquele momento a dimensão da raça era considerada, juntamente com a classe, um fator de diferenciação no processo de escolaridade.

Com essas palavras, rememorando os tempos da escola, Nilton exercita a consciência crítica na tentativa de elucidar e compreender os impactos de sua formação escolar, familiar e social na construção de sua imagem e autoimagem, responsáveis por sua identidade pessoal.

***

As professoras eram todas brancas. Na sala de aula meninas e meninos brancos sentavam-se na frente, os "morenos" no meio e, no fundão, para rimar, os "negão".

A nós pouca atenção era dispensada, e sim total falta de paciência, atribuição de culpa por todo erro que acontecia; tudo isso refletia negativamente na formação da autoestima, uma vez que quase nenhuma disposição se dispensava ao corpo negro.

Nos finais de semana, na praça principal, vivia-se o *apartheid*: os brancos no jardim, e os negros nas calçadas, ao redor.

Mesmo meu pai tendo uma condição financeira acima da média, pois era um empreendedor nato e comerciante (com venda e lenharia), além de ser barbeiro nos finais de semana e contínuo no Banco do Brasil, ter ampla casa e abrigar confortavelmente mais de dez pessoas, ainda assim, a sorrateira violência racial se fazia presente nas relações sociais. Mas isso não foi impeditivo para que eu teimasse, insistisse e criasse a vida, em busca de meu propósito.

Sempre fui muito falante, fazia amizade facilmente, e tinha alguns poucos amigos brancos fiéis, com quem formávamos um pequeno grupo. Eu os acompanhava a lugares onde não era comum a presença de negros — a não ser para servir ou entretê-los, geralmente como ritmistas nos bailes, por exemplo.

Desde muito cedo a percepção da diferença no tratamento que me era dispensado e a meus iguais já despontava, mas a consciência racial e a constatação da necessidade de lançar mão de mecanismos que me fizessem sobreviver a isso só vieram mais tarde. Naquele momento, como para a grande maioria, iniciou-se a luta por um lugar ao sol, na disputa pelo trabalho e na inserção no grupo em que eu pretendia pertencer.

Aos 19 anos, liberado do serviço militar e trabalhando na emissora local como operador de som e discotecário, resolvi morar em São Paulo, pois parte da família já estava na cidade. Resolvi tentar a sorte.

Com os documentos em mãos, recortes dos matutinos no bolso, parti a procurar emprego. Procurava colocação como auxiliar de escritório ou *office boy*. Lembro-me de um anúncio, no bairro de Santana, selecionando rapazes de boa aparência para escritório. Minha irmã havia comprado para mim um terninho nas lojas Cliper e fiquei com ótimo visual. Quando cheguei para a entrevista, não vi ninguém com melhor aparência do que eu, mas, depois de preencher a ficha, a moça que atendia os pretendentes à vaga colocou um "P" bem grande atrás. Fiquei esperando a resposta. Tempos depois é que tomei conhecimento de que aquele "P" era de preto, e que não seria selecionado.

Dali para a frente ficou mais fácil, pois aprendi a jogar o jogo, a driblar as situações, sendo exceção por onde passava, fazendo sempre o melhor, a não reclamar de horário e a ser mais amigo (sem ter a reciprocidade dessas amizades). Sempre havia dificuldades, mas sempre dava o meu jeito para me sobressair. O problema é que quando achava que estava tudo bem, tudo voltava ao início. Por muito tempo passei a pensar que era minha a culpa, mas sabia que não era, e passei a mudar minha estratégia para o enfrentamento.

Fui muito hostilizado na primeira empresa em que trabalhei, embora muito elogiado pelos gerentes e alguns funcionários de cargos hierarquicamente inferiores. Resisti durante o tempo em que exerci, mas, com a troca do presidente, fui demitido via telefone após dez anos de serviços prestados. Foi um baque. Tinha tudo para uma ótima rescisão, e outros funcionários brancos entraram na justiça e voltaram a trabalhar na empresa. Meu nome chegou a ser cogitado para uma volta, mas foi vetado. Não entrei na justiça, pois o advogado da empresa me disse que se executasse por assédio moral não me encaixaria mais em outra empresa.

Em 1992, convidado por um empresário, fui levado para um projeto de uma nova gravadora. Seríamos três sócios, mas com percentuais diferentes: os dois com 45% cada, e eu com 10%. No papel, os direitos e retiradas eram iguais, mas na realidade não acontecia.

Nas convenções da empresa e em viagens internacionais, eu nunca era apresentado como sócio. Quando questionava, diziam: "Esteja feliz por estar no contrato social", o que me trouxe muita mágoa e vontade de largar tudo, mas tinha um ótimo salário, pensava na educação superior dos meus três filhos, Joyce, Otávio e Gustavo, e da minha esposa, à época, que também cursava faculdade. Além disso, muitos outros familiares dependiam desse trabalho e do status adquirido, pois nesses anos todos fomos os únicos negros da família a morar em condomínio de alto-padrão, bem como dos condôminos todos, os únicos a ocupar aquele espaço.

Minha família, minha luta, minha história e, principalmente, meus antepassados me deram força para suportar esse período. Hoje, meus filhos são muito bem formados, bem colocados na vida e me asseguram de que tudo valeu a pena. Tenho um nome respeitado no mercado, trabalho de forma independente e estou aposentado, buscando a cada dia me tornar um ser humano melhor, refletindo sobre todas essas questões que contribuíram para a reconstrução da minha formação pessoal e profissional.

16.

EU ESTAVA LÁ...

Minha vida é andar por esse país/ Pra ver se um dia descanso feliz/ Guardando as recordações/ Das terras onde passei/ Andando pelos sertões/ E dos amigos que lá deixei...

("Vida de viajante", Luiz Gonzaga e Hervé Cordovil, 1979)

1. FESTIVAL DE IACANGA, EM ÁGUAS CLARAS (SP), EM 1975

Foi um famoso festival que aconteceu em quatro edições. A primeira foi em 1975, na fazenda Santa Virgínia, e era uma cópia do Woodstock americano. Tudo nesse festival foi superdimensionado: muito som, muito espaço, muitas pessoas e muitas atrações, entre elas O Terço, Moto Perpétuo, Som Nosso de Cada Dia e Jorge Mautner, entre outras.

Foi um evento único, num período em que imperava a censura e em que os jovens, na sua maioria estudantes, faziam seus protestos, expressos tanto por suas falas quanto por suas atitudes — que, aos olhos dos censores, representavam comportamentos transgressores de rebeldes sem causa, mas, na verdade, foi uma potente e corajosa manifestação que clamava por possibilidade de mudanças: liberdade de expressão, de ir e vir e, sobretudo, de votar.

2. FESTIVAIS DA RECORD, DÉCADA DE 1960

O organizador era Solano Ribeiro e tratava-se de eventos que consolidaram dois importantes gêneros musicais brasileiros na década de 1960: as canções de protesto e o tropicalismo. Pude testemunhar como esses festivais, ocorridos em cinco edições (1960, 1966, 1967, 1968 e 1969), foram um marco na transformação da Música Popular Brasileira.

No de 1967, eu estava lá para ver a primeira vez em que a guitarra elétrica substituiu o violão. Houve protestos e até marcha contra esse feito, comandada por Elis Regina, que, mais tarde, passou a usá-la em suas gravações e banda. O pioneiro foi Caetano Veloso e os Beat Boys, na música "Alegria, Alegria".

Outro fato que me marcou muito foi a grande vaia que Nana Caymmi levou ao interpretar a canção "Bom dia", como reação ao estilo dolente da música que não correspondia à expectativa do público, embora os jurados já tivessem identificado na cantora uma promissora intérprete da música brasileira, como de fato veio a se consagrar.

Nesse mesmo festival, vi brilhar o então companheiro de Nana, Gilberto Gil, com a imortal canção "Domingo no parque", com belíssimo roteiro musical desenvolvido em sua letra.

Suas edições protagonizaram acontecimentos memoráveis para a história da música, e eu estive lá, por exemplo, quando Sérgio Ricardo, cantor, cineasta e compositor, tentou apresentar sua música "Beto, bom de bola". Ela tem um belíssimo enredo e descrição sofisticada e singular, contudo sua letra quilométrica era inacessível para compreensão imediata do público. De qualquer forma, foi bem aceita pela comissão julgadora — tanto é que foi anunciada para o festival. Porém, o público protestava sua participação aos gritos e vaias, e ele foi impedido de se apresentar, o que provocou uma reação inesperada: o artista quebrou seu violão e o arremessou sobre a plateia, ocasionando um grande tumulto.

É importante ressaltar que, nesses festivais, as vaias e/ou aplausos, apesar de atingirem os intérpretes, eram causadas principalmente pela maior ou menor dificuldade do público em compreender a mensagem contida nas letras, pois até então elas eram selecionadas por um seleto júri.

Para a época, aliás, esses festivais tinham altíssima qualidade na transmissão do som ao vivo, dirigido e operado pelo então jovem Zuza Homem de Melo, que, mais tarde, se tornaria um dos maiores críticos e produtores musicais do Brasil, e um importante parceiro e referência na jornada do meu trabalho como divulgador, a quem com certa frequência me dirigia e por quem era recebido com a atenção e elegância que o caracterizavam.

3. SHOW DO GRUPO JACKSON FIVE, EM SETEMBRO DE 1974

Quando vieram ao Brasil para se apresentar no Anhembi, São Paulo, fui assisti-los. Lembro-me de que foi uma loucura, pois estavam no auge, e era muito difícil a vinda de artistas internacionais ao Brasil naquela época dos anos de chumbo.

O lendário e saudoso amigo Paulo Inglês, fotógrafo e intérprete de língua inglesa, trabalhava no evento e, na saída do Anhembi para o Hotel Hilton, ele me colocou dentro do ônibus que levaria a banda para o hotel.

Michael Jackson era adolescente no início dos anos 1970, embora seu nome já começasse a figurar entre os grandes da música. Não era grande a distância que nos separava em idade: ele com 16 e eu com 26 anos, mas ele era um menino negro vindo dos Estados Unidos, cuja imagem e pretenso sucesso a se consolidar me impactaram.

No dia seguinte, assisti novamente ao grupo em um especial na TV Tupi, no bairro do Sumaré, a convite da amiga e conhecida atriz do cinema brasileiro Nicole Puzzi.

Dezenove anos depois, em 1993, quando Michael retorna ao país para seu show "Dangerous World Tour", no estádio do Morumbi, em São Paulo, também pude estar lá e levar meus três filhos, Joyce com 13, Otávio com 11, e Gustavo com 5 anos. Mais uma vez experimentei a mesma sensação de quando o vi pela primeira vez, ainda adolescente, se apresentando no Anhembi com o grupo Jackson Five.

4. SÃO PAULO MONTREAUX JAZZ FESTIVAL, EM 1980

Esse foi outro momento importante da música internacional de que participei.

O evento, exibido do pela TV Cultura, foi um grande acontecimento, devido, principalmente, às dificuldades de deslocamento do cantor jamaicano Peter Tosh, já que no momento estava proibido de pisar em solo americano, causando assim bastante expectativa em torno de sua vinda ou não — até a véspera, era duvidosa a sua presença no festival.

Mesmo com este impeditivo, Tosh veio e fez um show de reggae nunca antes visto por aqui. Eu estava no camarim, de onde assisti a todo o show, pois era divulgador da Emi-Odeon, que lançava os discos do artista no Brasil.

Vários outros artistas também estavam presentes, e eu pude testemunhar o *frisson* provocado pela potência que foi a apresentação dele, que era um artista bem ativo politicamente. No Brasil, estávamos vivendo os ventos da reabertura do processo democrático.

5. PASSAGEM DO SOM DO QUEEN NO MORUMBI

Neste show do Queen que aconteceu no estádio do Morumbi em SP em 1981, e em que eu estava como Relações Públicas da Emi-Odeon, para recepção das rádios e TVs para cobertura do evento, tive o prazer e o privilégio de estar no palco num momento de passagem do som da banda, muito pertinho de seus integrantes, em especial do vocalista Fred Mercury. Foi uma emoção indescritível, pois particularmente já apreciava o trabalho deles e reconhecia a voz do vocalista como uma das mais belas para a execução do gênero. O grupo já era sucesso na Europa, mas não havia sido lançado ainda no Brasil. A Emi-Odeon, com sede na Inglaterra, era a gravadora que detinha o contrato do Queen mundialmente. Aqui no Brasil, os lançamentos da Emi-Odeon eram muitos, e alguns passavam facilmente despercebidos ou ficavam aguardando um melhor momento para serem lançados, pois o catálogo era imenso e com outros nomes já consagrados. Foi aí que um office-boy, primo do então assessor de imprensa da gravadora, muito curioso e ávido pelo gênero musical rock 'n roll, insistia para que a gravadora lançasse o disco no mercado, cobrando isso todos os dias da equipe do Departamento Internacional, até que resolveram apostar na insistência do garoto. Não deu outra: o sucesso foi imediato, tanto em vendas quanto em fã clube, acelerando a vinda da banda para o Brasil em 81, antes mesmo do Rock in Rio, que só ocorreria em 85.

6. RECEPCIONANDO ALGUNS ARTISTAS INTERNACIONAIS EM VISITA AO BRASIL

Dentre os artistas internacionais cuja incumbência de recepcionar esteve sob meu encargo, destaco alguns como Rick Wakeman — ex-tecladista da Banda Yes — para quem fui encarregado, pela direção da Odeon, a conduzir do hotel em que estava hospedado à residência do presidente da gravadora, localizada num bairro de classe alta da cidade em São Paulo, onde seria oferecido um jantar para recepcioná-lo. Meu inglês à época era de participação, como costumo dizer —, ou seja, fui aprendendo o idioma baseado em títulos de músicas, mas o suficiente para desenrolar com ele uma conversa amistosa ao longo do trajeto. Na mesma noite, eu tinha outro compromisso: o de receber os convidados do show de Clara Nunes e Paulo Gracindo, do álbum *Brasileiro Profissão Esperança*, não fosse isso, talvez tivesse participado desse jantar; o que seria uma outra ótima oportunidade para exercitar meu inglês.

Também fui responsável por outros artistas internacionais: levei **Chris de Burgh**, sucesso com "Flying", de seu hotel a São Bernardo, para conhecer a fábrica da gravadora; e viajei para o Rio de Janeiro com **Lillo Thomas**, cuja música mais conhecida era "Just my Imagination". Mais tarde tive a honra de reencontrá-lo em seu escritório em Manhattan, Nova York.

Já na Paradoxx, conheci **Bruce Dickinson**, vocalista da banda britânica Iron Maiden, em visita ao Brasil, em 1997, para distribuição de seus trabalhos solo. Ao final de um intenso dia de trabalho, dei-lhe carona em meu Gol bolinha pilotado por mim mesmo até o Hotel Sol na rua Sena Madureira, na Vila Mariana, que também era próximo à gravadora. Eu nem imaginaria à época que ele brevemente retornaria ao Brasil não somente integrando a banda novamente como também pilotando seu próprio avião.

7. FESTIVAL MIDEM, NA FRANÇA

Maior encontro mundial de empresas ligadas à música, organizado desde 1967, na cidade de Cannes, o Midem na verdade é um importante mercado que reúne profissionais do disco e da música em busca não só de contatos, mas também de contratos, parcerias, além de conhecimento no segmento artístico-musical.

É desse grandioso encontro, ocorrido no ano de 1998, que trago na memória um momento inesquecível. Já no avião, encontrei um artista de quem sou fã desde o lançamento, em 1963, de seu álbum de estreia *Esquema Novo* — nada menos do que Jorge Ben Jor.

Embora ele não fosse da gravadora em que eu trabalhava, viajamos juntos e pude conviver com ele durante os dias de nossa estada em Cannes.

Pude experienciar, assistindo a um show de Jorge Ben fora do Brasil, com público presente de vários países, inclusive do Brasil, uma sensação de riqueza inestimável, nessa minha caminhada no meio artístico, pelo o que sou muito grato por fazer parte.

Outros artistas também ali se apresentaram, e mais uma vez testemunhei tanto a riqueza da música brasileira quanto a receptividade do público por nossa arte e nossos artistas da música.

Aquela vivência foi para mim mais uma constatação de que a escolha profissional que fizera lá no passado foi acertada, pois estava ali para o business, mas me senti como se estivesse para o recebimento de um prêmio de reconhecimento do público, uma vez que o trabalho de divulgador e de produtor não é de palco, ficamos nos bastidores, podemos dizer assim, idealizando, planejando, projetando, negociando o melhor resultado para aquele/aquela artista em cujo trabalho miramos e apostamos toda a nossa energia.

Tive a oportunidade de estar em outras ocasiões nesse grandioso evento que é o Midem, ampliando as possibilidades de negócio, encontrando parceiros, aprendendo e vivenciando o mundo da música e as pessoas que, assim como eu, viam e veem na produção desta arte a possibilidade de contribuir para a elevação da cultura nos espaços que vivemos.

Essa viagem ao Midem me proporcionou a possibilidade de conhecer outros países da Europa além da França, como Mônaco, Inglaterra, Itália, Portugal e vivenciar um pouco da cultura de lugares que já conheciam e exaltavam a nossa tão potente e variada música popular brasileira.

8. LANÇAMENTO DO DISCO *GERAES*, DE MILTON NASCIMENTO, EM TRÊS PONTAS (MG)/1977

Outro momento gravado na memória foi esse lançamento em Três Pontas, cidade de Milton Nascimento, ao sul de Minas Gerais, onde desde muito pequeno viveu, embora tenha nascido no Rio de Janeiro. O show foi grandioso, realizado na Fazenda Paraíso, contando com a participação de outros nomes também já consagrados da MPB, como Chico Buarque, Wagner Tiso, Fafá de Belém, Clementina de Jesus e o pessoal do Clube da Esquina, dentre outros.

De âmbito nacional, ele fez parte da campanha de divulgação e vendas realizada pela Emi-Odeon, gravadora que detinha Milton sob contrato. Foi uma impecável produção, envolvendo também jornalistas e radialistas dos principais veículos de comunicação naquele momento. Minha contribuição ali era dar acolhimento aos convidados, tendo acesso livre ao evento, aos camarins e ao palco.

Depois do show, até visitei a casa dos pais de Milton, que muito gentilmente nos recepcionou. Mas o ponto alto desse dia para mim foi quando solicitaram a Milton que cantasse a música "Minas". Era faixa do disco, mas não constava da playlist do show. Como a solicitação partiu do proprietário da fazenda, Milton começou a cantar; porém, a certa altura, esqueceu a letra.

Nesse momento, eu estava bem próximo ao palco e cantava a plenos pulmões — pois tinha recebido antes a fita-cassete e ouvia incessantemente no carro. Wagner Tiso me viu e ouviu cantando e pediu a alguém da produção que fizesse chegar a mim o microfone. Entendi a mensagem, peguei o microfone e segui cantando. De repente, um grupo de amigos próximo me levantou ao alto e o público foi a êxtase, cantando junto. Foi um momento muito especial, profissional e pessoalmente.

Por essa apresentação, recebi das mãos do presidente da gravadora, sr. Roberto Augusto, uma camisa promocional com o rosto de Elton John estampado, vinda dos EUA, única peça no Brasil, o que era normal à época quando um novo produto de cantor de sucesso era lançado. Pelo feito, também fui entrevistado por Otávio Seschi, jornalista e DJ da Rede Bandeirantes, que me lançou a seguinte pergunta, que estou até hoje para responder: "Nilton, morre o divulgador e nasce o cantor?". Muito embora sempre tenha gostado de cantar, nunca tive a pretensão de seguir carreira; meu negócio era fazer "o produto" (o cantor e a música) ser conhecido. Esse momento está registrado em algumas fotos de meu arquivo pessoal.

9. *INDEPENDENCE DAY* NOS EUA

Em final dos anos 1990, estava a trabalho em Miami, hospedado em Miami Beach no Howes Hotel, durante os dias do feriado do Independence Day, em que grande parte dos norte-americanos descem para a Flórida para apreciação dos grandes eventos musicais com espetáculos de fogos de artifício. Coincidindo com minha estada no hotel, achavam-se hospedadas também grandes estrelas da Black Music — Funk e Hip Hop — que estavam justamente para se apresentarem nos shows musicais, o que me possibilitou conhecer vários deles e delas.

Não hesitei em ir a uma balada *black*, a convite de um jogador de futebol americano que conheci despretensiosamente conversando e tomando um whisky no hall do hotel, a quem ofertei um CD de Almir Guineto do selo Paradoxx produzido por mim, tendo em uma das faixas uma música com participação especial de Mano Brown, de quem meu mais recente amigo era grande admirador. Quando chegamos à balada, o DJ era ninguém mais, ninguém menos do que o ídolo do basquete americano: Magic Johnson.

Não preciso nem detalhar o quanto a festa correu na mesma agitação e frenesi das apresentações do astro nas quadras. E eu estava extasiado, como se estivesse mesmo em uma arquibancada apreciando uma bela partida de basquete ou de futebol americano.

10. RECEPÇÃO AO BISPO ANGLICANO DESMOND TUTU, NOBEL DA PAZ

Estava trabalhando como Gerente Artístico de Produto na gravadora Continental em Salvador (BA), onde divulgava o primeiro vinil do talentoso e saudoso artista Branca di Neve. Lá, o presidente do grupo afro Olodum, ao ouvir a música "Você sabe a cor de Deus?", contratou seu autor para cantá-la com o grupo na recepção do bispo anglicano Desmond Tutu, falecido em 2021, importante personalidade na luta contra o *apartheid* na África do Sul, que estava em visita ao Brasil em 1987.

Foi uma grandiosa festa organizada pelo bloco Olodum, que marcou tanto o bloco quanto a música de Branca di Neve. E estar ali, vivenciando aquele cenário e sentindo a energia que se formava e circulava, só fez aumentar minha consciência sobre as questões raciais no Brasil e da necessidade de união para a luta antirracista.

II. ENCONTRO COM DANNY GLOVER

O ano era 2005, quando encontramos o astro do cinema americano, conhecido por sua atuação em *Máquina Mortífera*, em Salvador no Hotel Tropical, onde estávamos hospedados eu e meu amigo e parceiro Altay Veloso.

Logo de cara rolou a solidariedade étnica e nos cumprimentamos enquanto nos dirigíamos para o bar do hotel. Trocamos rapidamente algumas palavras de gentileza, e logo já estávamos brindando com caipirinha, até a chegada de um amigo intérprete que fez a conversa fluir de modo mais interessante ainda.

É impressionante que, quando homens negros se encontram, a linguagem universal da empatia é imediata e facilmente compreendida em qualquer lugar do mundo.

Registramos o momento pela câmera do celular, mas as fotos se perderam com o tempo na troca de aparelhos; porém, as sensações trocadas se eternizam em nossa memória.

12. ENCONTRO COM MÁRIO QUINTANA

Certa ocasião, entre o final de 1983 e meados de 1984, hospedei-me no Hotel Royal, em Porto Alegre, cujo proprietário à época era o ex-jogador de futebol da seleção brasileira, Falcão, conhecido como o Rei de Roma.

Eu aguardava o divulgador para uma visita às emissoras, quando me deparei na recepção do hotel com um senhor muito simpático e falante que logo me cumprimentou e entabulou conversa sobre o tempo frio que fazia.

Num dado momento, perguntei seu nome, que, para minha surpresa respondeu: Mário Quintana. Sim, o poeta e escritor que já conhecia de nome, mas cuja obra e importância de seu trabalho na literatura brasileira ainda desconhecia.

Foi um episódio marcante para mim: um jovem de 35 anos diante de um homem de 63, poeta e autor de vários poemas belíssimos, entre os quais um que trata exatamente a respeito do que refletimos em nosso breve encontro: "O Tempo", cujos versos iniciais já nos sacode. Ei-los:

A vida é o dever que nós trouxemos para fazer em casa.
Quando se vê, já são seis horas
Quando se vê, já é sexta-feira...
Quando se vê, já é Natal.

13. GUARDIÃO DO SAMBA

Em 1978, eu estava divulgador pela Odeon, por onde D. Clementina de Jesus era contratada e estava lançando seu mais novo trabalho. Na ocasião, fui escalado para acompanhá-la a uma apresentação no programa *Clube dos Artistas*, do saudoso Airton Rodrigues.

Quando cheguei ao hotel para buscá-la, estavam também os mestres Cartola e Nelson Cavaquinho, que não eram da Odeon, mas participariam do programa. Não tive dúvidas, abri as portas do meu possante Fusca verde-limão 1973 para os baluartes do samba para conduzi-los, de minha parte, com todo o rigor de quem carrega sob sua responsabilidade um tesouro; assim o fiz.

Nessa época eu morava na rua Ciro Costa, em Perdizes, era recém-casado e estávamos grávidos da Joyce, minha primogênita. A caminho da TV Tupi, no bairro do Sumaré, passando pela rua de casa, estacionei na porta e pedi a eles que me aguardassem por um breve instante dentro do carro, que iria apenas avisar que chegaria após o programa.

Seria uma foto histórica, mas nem passou pela minha cabeça. O registro ficou na memória e no coração. Que lindo momento! Por algumas poucas horas, tive a honra de ter sido o guardião e condutor de mais de duzentos anos de samba!!

14. FESTIVAL DE MÚSICA DO RIO GRANDE DO SUL

A primeira edição do festival aconteceu em 1981, tendo como idealizador o jornalista e produtor musical Fernando Vieira. Eu já estava há seis anos na Emi-Odeon, quando Fernando chegou a São Paulo a fim de apresentar seu projeto para a indústria fonográfica. Por se tratar de um evento promocional, não haveria cachê; a contrapartida era a divulgação do trabalho, sobretudo dos novos artistas.

Essa primeira edição teve duração de uma semana na cidade de Canela (RS), na Serra Gaúcha, tendo sido uma efervescência de interação, com *pocket shows*, muito churrasco e partidas de futebol. O evento era tão grandioso, que, em parceria com a prefeitura local, a extinta empresa aérea Varig reservou dois aviões para levar os artistas, diretores de gravadoras e convidados, um saindo do Aeroporto de Congonhas (SP), outro saindo do Santos Dumont (RJ). Ou seja, a festa já iniciava durante o voo, com muito vinho, cantoria e resenha.

Tive a satisfação de ter trabalhado tanto na preparação do material de divulgação quanto na apresentação aos artistas e cooptação desses ao evento — da gravadora Odeon, participaram dessa edição a banda Blitz, que estava lançando seu primeiro vinil, além de Fábio Stella e Vinícius Cantuária.

Ao chegar a São Paulo para as tratativas referentes ao contato com os artistas, os diretores da Odeon me colocaram à disposição de Fernando, para acompanhá-lo nas emissoras de TV e apresentar e convidar os artistas para o evento, o que fiz sem qualquer dificuldade, em vista do bom relacionamento e credibilidade de que desfrutava junto aos artistas.

Mas aconteceu algo durante essa organização que hoje me faz refletir acerca da minha longa estada no circuito artístico e do impacto do "protecionismo/corporativismo/privilégio branco/racismo": desde o primeiro contato com Vieira, ficou acertado que eu iria para o festival, acompanhando os artistas e participando de todos os desdobramentos desse evento, uma vez que eu representava a gravadora. Para minha indignação, ocorreu que, às vésperas da viagem, todos já estavam com o nome na lista, e o meu, embora houvesse trabalhado muito em prol do evento, convencendo artistas, preparando material etc, não constava, o que, evidentemente, me deixou muito chateado — mas não surpreso.

Na última hora, o então presidente da companhia, Sr. Atílio Bacharetti, sabendo do ocorrido, me disse: "Você vai no meu lugar, estou com a relação há dias e, de fato, seu nome não consta entre os convidados". Desfeito o "equívoco", tudo o mais foi tranquilo. No evento, aliás, fiz amizade com Sandra de Sá, que estava sendo lançada com a música "Olhos coloridos", já em destaque. Foi uma admiração profissional mútua cuja alegria emergia sempre que nos encontramos. Lembro-me de que, já naquele momento, refletia sobre que éramos os únicos negros naquele espaço, mas isso não nos inibiu ou limitou a que fizéssemos o que estávamos ali para realizar.

15. ENCONTRO COM ALMIR SATER

Outro acontecimento que teve como cenário o mesmo festival de música do Rio Grande do Sul em 1981 foi a acomodação das duplas nos apartamentos durante a estadia na cidade. Meu parceiro de apartamento foi o então novato compositor e violeiro, que lançava seu primeiro trabalho pela Chantecler, Almir Sater, o que oportunizou muita conversa entre nós naquela semana. Lembro que trocamos importantes percepções sobre música, de forma geral, e sobre o festival, de modo particular.

Depois disso, não o vi mais pessoalmente, mas acompanho com alegria pelas mídias o seu trabalho de sucesso como compositor, cantor e instrumentista, bem como sua parceria com Renato Teixeira, o qual tive a honra de conhecer no início dos anos 1970 na gravadora Beverly, cujo primeiro compacto simples, *Boemia,* também tive a satisfação de divulgar.

Dos títulos que constam da minha discoteca, tenho orgulho de destacar seu primeiro, vinil — Renato Teixeira — pela RCA, por ele autografado, que ouço com muito carinho e preservo com muito cuidado.

17.

TRABALHOS NO EXTERIOR

Brasil, meu Brasil brasileiro/ Meu mulato inzoneiro/ Vou cantar-te nos meus versos/ Brasil, samba que dá/ Bamboleio que faz gingar/ O Brasil do meu amor/ Terra de nosso Senhor/ Abre a cortina do passado/ Tira a mãe preta do Cerrado/ Bota o Rei Congo no Congado...

("Aquarela do Brasil", Ary Barroso, 1939)

ALGO POUCO IMAGINÁVEL para um jovem comum dos anos 1960 nas cidades interioranas do Brasil seria deixar sua localidade para desbravar a vida longe do aconchego familiar e/ou regional, seja pelos laços afetivos e vínculos sociais, seja pela comodidade de tudo que estava à volta, a despeito até mesmo das tensões políticas que se davam à época no Brasil durante o governo Jânio Quadros.

Apesar de o interior mineiro ter tido, na década anterior, um de seus momentos de maior efervescência nos campos da educação, cultura, artes, esportes e lazer — graças às associações cívicas da época, que organizavam diversas atividades, como recitais de poesia e música, espetáculos teatrais, concursos, bailes, exposições, torneios de futebol, e cuja região até hoje é conhecida como a terra dos ipês e das escolas, devido à qualidade de sua educação desde o início do século passado, além de ser notabilizada pelas novas ligações fluviais e ferroviárias, na passagem do século XIX para o XX — nos anos 1960 a região passava por um período de estagnação, cuja decadência cultural foi agravada pelo desaparecimento do jornal *A Gazeta*, pelo quase desmoronamento de parte da Igreja do Rosário, e pelo término da linha de bondes elétricos.

Tudo isso afetou o poder econômico da cidade, o que deflagrou deslocamentos populacionais, expulsando "naturalmente" os filhos, que se mudam para outros centros em busca de melhores oportunidades. É nesse contexto socioeconômico e político cultural que o jovem Nilton Ribeiro despede-se de sua cidade natal, como muitos outros conterrâneos, trazendo na já citada mala velha de couro mal cheiroso, além dos documentos de praxe (certidão de nascimento e carteira de reservista), algumas poucas peças de roupa e muitos sonhos, projetos e ímpetos musicais obtidos por seu trabalho na rádio; e, na mente, a curiosidade, a criatividade e a inventividade natas, na forma de asas que o fariam alçar altos voos, a despeito das inúmeras tentativas de contê-los e/ou impedi-los. Mas, para o jovem Nilton, o céu nem foi o limite: foi o espaço aéreo, ao longo de sua intensa carreira como produtor musical, que o levaria a ultrapassar as fronteiras abertas lá atrás por ele.

E foi assim que a música e o obstinado trabalho com ela, ao longo desses mais de cinquenta anos, o levaram a abrir a jornada de viagens internacionais.

***

Sonho realizado: o de conhecer os Estados Unidos da América do Norte e estar em Nova York. O filme *Shaft* e as músicas de Isaac Hayes, Ray Charles, Sidney Potier despertaram em mim um forte desejo de conhecer essa parte da América; sim, porque nós também somos americanos, embora essa identidade tenha nos sido subtraída.

Por essa época, andava muito com meu amigo, compositor e cantor Totó Mugabe, um gênio musical e autodidata que influenciou minha vontade de conhecer o país das grandes referências da música negra que eu já conhecia, admirava e acompanhava.

Assim realizei meu sonho em 1989, por meio de um trabalho com a cantora e amiga Edna Centurion. Ela faria um show em Washington, DC, e eu seria seu produtor, compondo a equipe de trabalho. Por uma feliz coincidência, minha irmã Dirce já residia nos EUA, e assim tive também a oportunidade de a rever, pois ainda não havia podido retornar ao Brasil para visitar a família. Foi uma conjugação de fatores favoráveis.

Nessa minha primeira ida, a coroação da viagem foi, por sugestão dessa minha irmã, uma apresentação do meu ídolo Ray Charles. Solicitei a ela que comprasse para mim o ingresso no melhor lugar, a fim de que eu tivesse uma excelente visualização do espetáculo, que já era o ápice do "meu sonho na América". E assim ocorreu.

No dia do show, lá estávamos nós: Ray Charles e Nilton Ribeiro, um diante do outro. Ninguém mais, nem nada a desfocar essa cena que permanece gravada em minha mente mesmo depois de tanto tempo. Eu estava ali, vendo e ouvindo o meu ídolo. Parecia que eu estava assistindo a um filme em que tudo dava certo. Uma das grandes emoções da música em minha vida!

Já em relação à Europa, fui a dois festivais na França, mais precisamente na cidade de Cannes. Experiência maravilhosa na minha trajetória.

Numa dessas viagens, tive o prazer de viajar com Jorge Ben Jor, que fez um show igualmente maravilhoso, cantando seus grandes sucessos. O público era composto de uma pequena parte de brasileiros, e a parte maior de estrangeiros de diversos países. É uma intensa satisfação quando se está fora de seu país de origem por um período e você curte um show ao vivo de um artista conterrâneo e de sua admiração. Sensação indescritível!

Nesse show, protagonizei um fato muito cômico: ao meu lado estava sentado um senhor também brasileiro, do Rio, mas residente na França havia muito tempo, com idade compatível à do artista. Começamos um papo, e ele me disse que quando morava no Rio de Janeiro era muito fã do pai do garoto. Eu, um tanto admirado, perguntei: "Que garoto?". Ao que ele respondeu: "Esse que está aí cantando. Ele não é filho do Jorge Ben que canta 'Chove chuva'?". Ao que eu, achando muito engraçado, mas compreensivo ao senhor por aquele equívoco, respondi: "É o mesmo cantor, só acrescentou o 'Jor' por questões relativas aos direitos autorais internacionais". E ele prosseguiu, completando:" Pensei que fosse o Jorge Ben Júnior", reforcei: "É o Ben Jor". Ele retrucou: "Mas está igualzinho ao que eu conheci. Não mudou nada, nem uma barriguinha, nem um cabelo branco. Incrível!". Voltamos à apreciação do espetáculo.

Outra experiência marcante em Cannes, na França, foi no Palácio das Artes, onde acontecia o Midem, o maior evento de música da Europa, que reúne artistas de renome, pensadores, altos executivos de gravadoras, criadores de projetos inovadores para a troca de experiências, debates e fechamento de negócios de várias partes do mundo.

Pude conversar com George Clinton, intérprete do "Atomic Dog". Mesmo com meu inglês de capa de disco, como costumava dizer, e mediação de um amigo, batemos um bom papo e firmamos ali uma importante transação: consegui licenciar um CD dele e lançar no Brasil.

Outro momento especial, ainda nesse evento, deu-se quando chegou no estande da Paradoxx — diga-se de passagem, um dos mais bem organizados daquela edição — um jovem cantor norte-americano de nome Bobby Harden, procurando pelo *boss*; eu, que estava ao lado da minha secretária Magali Magalhães, ouvi-a responder apontando para mim, enquanto se dirigia a ele, que eu era o *boss*. Ele então me pediu para que eu ouvisse seu CD. Como já estava no final do expediente, marquei uma reunião com ele no dia seguinte às 11h da manhã. Às 10h30 ele já estava lá.

Então, pedi que o encaminhasse a minha sala, onde já o aguardava com o equipamento de som preparado para ouvir seu CD. Como eu não era fluente na língua dele, solicitei a presença da secretária para auxiliar no diálogo; ao que ele, olhando-me firmemente, de pronto, interveio: "*I'm black, you're black, so no translate. If you like black music, you'll go to like my music. No need translation*". Ouvimos o CD, e antes da quarta faixa já estávamos rindo juntos; já éramos *brothers*. Terminada a audição, nos despedimos e ele deixou comigo seu cartão e o convite para jantar num outro local.

Era um jantar exclusivo para produtores e artistas negros, com show de *reggae* ao vivo e presença de vários artistas e produtores de renome, entre eles um que havia trabalhado com Michael Jackson. O espaço que abrigava o restaurante era todo envidraçado, o que permitia a visualização de quem estava lá pelas pessoas que passavam do lado de fora, que, atraídas pelo som e o balanço do *reggae*, paravam para olhar através da vidraça.

Para minha surpresa, alguns colegas brasileiros, ao me avistarem lá dentro, puseram-se a bater no vidro, tentando me chamar e gesticulando, pedindo que pudessem participar da animada festa. Eu não pude fazer nada além de sinalizar que se tratava de uma "Black Party VIP", e voltar as atenções ao anfitrião e demais convidados para os quais fui apresentado, resultando em prósperos negócios, uma vez que a gravadora Paradoxx desfrutava de prestígio no evento.

Ao retornar para o Brasil, segui meu trabalho na gravadora e somente tempos depois, quando me desliguei da Paradoxx em 2001 e constituí minha própria gravadora, a Obi Music, fui para Nova York assessorado pelo famoso DJ carioca Corello para licenciar músicas black e firmar parcerias com artistas do mesmo gênero musical. Neste contexto, reativei o contato com Bobby Harden, com quem me encontrei, licenciando seu trabalho e lançando-o aqui no Brasil, o que foi muito bem aceito, fazendo parte do catálogo da Obi até a vigência do contrato.

Em outra oportunidade nos EUA, ainda pela Paradoxx, visitei algumas gravadoras em Atlanta e vivi a experiência de gravação em um estúdio norte-americano em Nashville, onde estava sendo produzido um CD de músicas *country*, gênero em alta naquele momento, para a cantora brasileira Vera Negri, e uma série de outras músicas para o catálogo da Paradoxx.

Nessa época, tínhamos dois produtos bem conceituados na França: o grupo Dominó, que liderava as paradas de sucesso; e Klinger Araújo, um indígena amazonense por cujo trabalho a gravadora francesa nutriu interesse em razão do sucesso da banda Carrapicho, que tornou a toada conhecida e consumida na Europa naquele momento.

Estas e outras experiências enriqueceram meu currículo e ampliaram minha visão de mundo, bem como promoveram significativas alterações no meu modo de trabalhar. Como frequentemente relembra Eliana Ribeiro, ninguém volta mais o mesmo, depois de ter atravessado o Atlântico.

E PARA FIM DE CONVERSA...

Quando eu canto/ É para aliviar meu pranto/ E o pranto de quem já/ Tanto sofreu/ Canto porque numa melodia/ Acendo no coração do povo/ A esperança de um mundo novo/ E a luta para se viver em paz! / Do poder da criação/ Sou continuação/ E quero agradecer/ Foi ouvida minha súplica/ Mensageiro sou da música/ O meu canto é uma missão/ Tem força de oração/ E cumpro o meu dever...

("Missão", Paulo César Pinheiro e João Bosco, 1994)

NILTON: Rua Saturnino de Pádua, nº 235, cidade de Lavras (MG), local em que hoje se vê a linda casa, erguida sobre o alicerce centenário, totalmente reformada, tomando os mesmos quatrocentos metros quadrados da construção original, onde, na noite de 15 de abril de 1948, sob a permissão de Xangô velho, vim ao mundo chamado por Nilton Ribeiro, nascido em casa pelas mãos de parteira, e tive o umbigo cortado e cuidado por minha avó materna dona Aurisbela Júlia Marciano, segundo as convenções daquele tempo: uma moeda para dar uma estética bem apresentável, o fumo de rolo para curar o corte, e uma faixa bem apertada em volta do corpo à altura do abdome do bebê durante sete dias ou mais. Depois que o umbigo caía, era colocado no telhado com uma forte oração, que pedia proteção e direcionamento espiritual para aquele ser recém-chegado ao mundo. No início de minha adolescência, quando em um banho mais demorado, senti a eliminação de algumas partículas do fumo, e daquele momento em diante notei apoderar-se de mim uma força interior. Sempre que me lembro desse momento, considero tempo de renovação e início de um novo ciclo espiritual, pessoal e profissional... Memória que me sobrevém e que me conecta com minhas forças ancestrais para continuar seguindo. É assim que revivo os sentimentos que me atravessam.

ELIANA: Pensar no percurso de vida e de intensa caminhada de Nilton nos convoca imperiosamente a refletir, para além dos desafios, sobre o que ele veio fazendo com sua bagagem. Formada no desenrolar desse tempo-espaço decorrido — e pela própria voz do garoto vindo de Lavras —, é isso o que aqui entregamos ao público para ser conhecida.

Tomemos nossas vozes e contemos nossas histórias. E por que contar nossas histórias? Porque nossas histórias narram, porque importam e porque somam. Enredando sujeitos, validando existências e adicionando vivências, que vão produzindo as grandes narrativas.

Nessas páginas foram entregues nada mais do que a descrição, análise e síntese dos itens adicionados à bagagem de Nilton em sua jornada, em que cada item revelado fez se descortinar uma paisagem em que tanto os oásis obtidos quanto os frutos colhidos forjam-se pelas sementes corajosamente lançadas por ele.

Ao fim, foram semeados relações, vivências, saberes, poderes, dos quais brotaram toda sorte de paixões, que cedendo às vezes até à razão conduziram nosso protagonista ao caminho da teima pela afirmação da vida, da sua e dos seus, dos que o seguiram, dos que seguem com ele e dos que herdarão o seu legado, cujos relatos vieram ora denunciando opressões, ora anunciando superações.

Nilton Ribeiro é um ativista. Ouso dizer mais: é um rebelde com causas definidas, embora muitas vezes não compreendidas, mas que, graças à criatividade, insistência, perspicácia e arrojo — convenientemente interpretadas por alguns como teimosia infundada —, solidificou o ouro em pó com que veio de Minas para São Paulo, a fim de contribuir para enriquecer a arte musical brasileira.

Se Nilton fosse homem branco na cena artística desse Brasil racista, seria laureado no círculo dos afamados. No entanto, sua premiação dá-se justamente por todas as conquistas a despeito de não o ser, o que em nada o apequenou. Ao contrário, seu valor artístico-intelectual, reconhecido e validado por muitos, alonga-se à semelhança de sua estatura física, devido à magnitude de seu conhecimento construído aos moldes do poder-saber-fazer próprio de quem deteve a técnica fazendo e vendo fazer.

E reunir e organizar esses conhecimentos e memórias para torná-las texto literário foi meu maior desafio no campo da escrita, a despeito das experiências anteriores, com as produções acadêmicas em nível de graduação, especialização, mestrado e doutorado.

O término do meu trabalho aqui não significa o fim do contato com essa narrativa, nem a única escrita de seu protagonista, visto que esta e aquele seguem se fazendo e refazendo. Conferiu-me o privilégio único de talhar a história viva que aqui compartilhamos, cujo correr da vida não poderia embrulhar antes que a revelássemos.

AGRADECIMENTOS

Valeu Zumbi/ o grito forte dos Palmares/ Que correu terras, céus e mares/ Influenciando a Abolição.../ Zumbi, valeu.../ Que magia, reza, ajeum e Orixá/ Tem a força da cultura/ Tem a arte e a bravura/ E um bom jogo de cintura/ Faz valer seus ideais/ E a beleza pura dos seus rituais...

("Kizomba Festa da Raça", Luiz Carlos da Vila, 1988)

À ANCESTRALIDADE (os meus e minhas mais velhos e velhas), gratidão pela proteção, cuidados e ensinamentos, por tanto e por tudo o que a mim foi concedido e ao que ainda está por vir: agradeço, me aproprio e acato a bênção.

A meu Exu Mangueira, cuja aproximação foi revelada por minha tia Maria Delfina, por me orientar o caminho e me proteger no trajeto, por permitir que, nas encruzilhadas da vida, quando da necessidade de tomada de decisões, eu pudesse me conduzir em direção ao que melhor preservou minha vida, minha mente e minha alma.

À Sra. Mercedes Rodrigues, por me permitir ser pai de Joyce Ribeiro, Otávio Augusto Ribeiro e Luís Gustavo Ribeiro, e a quem coube, durante minhas longas ausências em busca do sustento, conforto e garantia das possibilidades para a família que formamos, parte significativa dos cuidados, da educação, do afeto e dos ensinamentos que os tornaram as pessoas dignas e estruturadas que são.

Aos meus três filhos, Joyce, Otávio Augusto e Gustavo, por permitirem a continuidade da nossa família com as netas e netos queridos, Malu, Lorena, Bernardo, Gabriela e Arthur.

Aos familiares, porque seguimos unidos, mesmo diante de todas as adversidades que poderiam ter nos distanciado.

E especialmente, à minha companheira Eliana Ribeiro, que, atenta e pacientemente, me incentivou a rever as memórias, e que, tomando de sua escuta sensível, competência escritora e generosidade desmedida, organizou e transformou todo esse registro em narrativa que, tornado livro, deixo como legado a meus familiares, aos quais dedico esta obra. Preta, obrigado por me fazer acreditar que a felicidade pode ser alcançada e renasce a cada manhã!

À sra. Clécia Aragão e a toda sua equipe editorial, por materializarem esse nosso sonho.

Aos artistas da música com quem venho trilhando esta longa, desafiadora e entusiasmada caminhada, com o objetivo de tornar a vida mais alegre com suas canções.

Aos comunicadores e diretores que ajudaram no meu êxito como divulgador e sócio fundador da Paradoxx Music, a quem, citando-os, ofereço-lhes os meus sinceros agradecimentos; alguns *in memoriam*:

Barros de Alencar — Rádio Tupi
Luis Aguiar — Rádio Tupi
Eli Corrêa — Rádio Tupi
Zé Betio — Rádios Cometa e Record
Enzo de Almeida Passos — Rádio Bandeirantes
Morais Sarmento— Rádio Bandeirantes
José Paulo de Andrade — Rádio Bandeirantes
Ferreira Neto — Rádio Bandeirantes
Hélio Ribeiro — Rádio Bandeirantes
Alfredo Borba — Rádio Bandeirantes
Marcos Durães — Rádio Bandeirantes
Ademarzinho Dutra — Rádio Globo
Odilon Araújo — Rádio Globo
Silvio Luiz — Rádio Record
Edson guerra — Rádio Record
Zuza Homem de Mello — Jovem Pan
Uilson Barachatti — Rádio Mulher
Serginho de Freitas — Rádio América
Newton Miranda — Rádio América
Moisés da Rocha — Rádio USP
Dorival Carper — Rádio Cultura
Dárcio Arruda — Rádios Tupi e Bandeirantes
Antonio Celso — Rádio Excelsior
Luiz Fernando Magliocca — Rádios Tupi e Difusora

DEPOIMENTOS

Salve, como é que vai? / Amigo, há quanto tempo? / Um ano ou mais/ Posso sentar um pouco?/ Faça o favor/ A vida é um dilema/ Mas sempre vale a pena/ Ah...

("Amigo é pra essas coisas", Paulo César Pinheiro, Aldir Blanc e Silvio da Silva Jr., 1970)

Algumas declarações a seguir foram espontaneamente apresentadas por alguns dos nomes mais próximos de Nilton em diferentes momentos de sua trajetória.

I. EUZÉBIO CARDOSO — OLODUM

Nilton Ribeiro, a quem prefiro carinhosamente chamar de Niltão, amigo de boas e muitas lembranças.

Inicialmente, gostaria de agradecer pelo convite para falar de parte da fase que vivemos em nome da nossa cultura, da nossa música e da nossa vida, certificando que deixaremos um legado que nunca poderá ser esquecido, e agora eternizado em seu livro.

Tive a sorte de conhecer esta figura em uma tarde em Salvador, quando o saudoso Petronilho Alves, Petú (*in memoriam*), também diretor do Olodum, e eu estivemos em seu hotel para apresentar a ele uma fita-cassete com algumas músicas do Olodum, isso lá pelo idos de 1987-88, época em que pulsavam os ensaios de domingo, com a reunião gratuita de milhares de pessoas cantando e dançando ao som percussivo da banda, e nos quais eram executados vários sucessos musicais do grupo, a exemplo de "Ladeira do Pelô", "Faraó Divindade do Egito" e "Protesto do Olodum", canções que, a partir do aliciamento aos compositores, realizado por produtores do cenários musical baiano, eram, por consequência, gravadas por bandas do chamado axé.

Na oportunidade do nosso primeiro encontro, Niltão ficou deslumbrado com o conteúdo do cassete, e ali ficou também sabendo quem era o verdadeiro condutor dos sucessos que recolocava a Bahia no cenário musical nacional, prometendo apresentar diretamente o conteúdo do dispositivo ao então presidente da Continental Chantecler, Wilson Souto.

Mas preciso narrar brevemente um fato que ocorreu antes desse encontro: a primeira experiência do Grupo Cultural Olodum/Banda Olodum em palco, tendo a sua primeira formação de banda show não tão profissional. Tudo se iniciou a partir da participação despretensiosa do Grupo Cultural Olodum (dançarinos, músicos, diretores, convidados alheios ao grupo...) no 1º Festival Latino-Americano de Arte (FLAAC), em Brasília em 1987. Naquela oportunidade, na condição de diretor artístico do grupo, coloquei em palco para uma apresentação diversas pessoas que viajaram conosco e que eram ligadas direta ou indiretamente ao Olodum. O resultado foi um sucesso sem precedentes, o que nos levou a outras apresentações inesperadas na programação, inclusive na Concha Acústica de Brasília, um local maior em que tocamos para milhares de pessoas, tudo no improviso ao som da poderosa percussão do Olodum — portanto, sem nenhum instrumento eletrônico.

Posso afirmar que ali nascia o primeiro show propriamente dito da banda. E mais: diria que foi a primeira apresentação da Banda Olodum em palco, ainda que ali estivessem diversas pessoas de alguma forma não tão ligadas diretamente ao "meio artístico", na acepção mais profissional da expressão. A partir deste acontecimento, tivemos o primeiro contato com Niltão, que cumpriu com o prometido e nos levou para a Continental Chantecler. Foi nesse momento que começaram as primeiras relações contratuais/ fonográficas entre o Olodum e a companhia.

Da relação gerenciada por Niltão, surgiu a gravação do 1º LP do Olodum, *Egito/Madagascar*, e a partir daí foram anos de parceria que resultaram na gravação de diversos outros LPs e programas de televisão e em apresentações por toda São Paulo. (E alguns dos artistas da banda foram os que participaram despretensiosamente da apresentação em Brasília — inclusive este que vos escreve, na condição de *backing vocal*.)

Nos idos de 1987, havia diversos outros artistas baianos "estourados" — como se fala aqui em Salvador —, e Niltão poderia ter dado atenção a esses renomados, já que os principais sucessos do Olodum tinham sido gravados por bandas do chamado axé. Mas, por sorte, no final, o que valeu foi a sensibilidade profissional dele, junto a, de alguma forma, sua ligação com a nossa causa e a nossa perseverança (minha e de Petú).

Certamente, alguns céticos poderão dizer que foi mera obrigação profissional, mas penso em contrário e sem nenhuma dúvida: Niltão teve participação fundamental no que se tornou a Banda Olodum. Entendo que ele fez mais do que devia, e, por este motivo e por muitos outros, resta-me, em nome de todos aqueles que viveram aquele momento, desde as primeiras conversas no hotel em Salvador até todos os momentos e conquistas oriundos daquela relação, o agradecimento a ele.

Se de fato existiu a suposta frase bíblica proferida por Deus, "Faça por ti, que eu te ajudarei", a nossa relação teve estreita ligação com ela, pois se Deus nos deu a régua e o compasso, posso dizer que você foi o fio condutor indicado por Ele para alcançarmos o sucesso musical a que chegamos — e, por este motivo o mínimo que posso ter por você, amigo, é eterna gratidão!

Seja sempre feliz!

2. JOSENEL BARRETO — radialista

Meu querido amigo Niltão tem uma importância muito grande para a nossa música baiana. Incentivou, ajudou e gravou os artistas no momento em que muitos não acreditaram. O movimento do axé agradece.

3. ADRIANA GODOY — cantora

Nilton Ribeiro, que conheço por Niltão, amigo de longa data do meu pai, Adylson Godoy. Papai o conheceu quando Niltão era jovem e divulgava discos junto às rádios e televisão. Eu o conheci quando comecei a cantar na noite paulistana em 1998, no Confraria MPB, uma casa que tinha artistas importantes da noite, e eu e papai éramos atração também.

Nilton me trouxe a possibilidade de gravar meu primeiro disco, *Todos os sentidos* (2003) pelo selo que ele acabava de criar, o Obi Music. Foram quatro meses intensos de trabalho, que envolveu preparação de arranjos, ensaios e gravação. Na época, gestava meu segundo filho, hoje com 19 anos. Foi para mim um momento muito importante.

Através do compromisso que o Obi Music me proporcionou, fizemos um disco por que tenho muito carinho, com produção musical minha, arranjos e direção musical do meu pai, Adylson Godoy, e participação especial dos meus tios Amilton Godoy e Amilson Godoy. Um disco marcante para mim, no qual levei a influência musical que eu tinha recebido até então.

Ainda tive a alegria de conhecer nosso mestre Jamelão pelo Niltão, que foi parceiro na produção do nosso disco, me deixando à vontade e sobretudo acreditando no que eu, uma jovem artista, produzia. Uma alegria tê-lo como amigo.

4. ESTHER DA ROCHA

Eu descobri o universo da música, dos artistas e das gravadoras no início dos anos 1980, quando nomes como a Blitz, Legião Urbana e Paralamas do Sucesso estavam despontando para o sucesso. No departamento de divulgação da EMI-Odeon, Niltão era a mais perfeita tradução da expressão "pessoa querida". Com seu jeitão boa-praça, cheio de histórias para contar, ele era adorado por artistas e andava para cima e para baixo levando as estrelas da música para participar dos programas de televisão mais disputados.

Bem relacionado e profundo conhecedor dos mais variados estilos musicais, Niltão sempre transitou por esse universo de maneira tranquila, sem nenhum deslumbre, dando aulas de camaradagem para quem quisesse aprender. Aprendi muito com ele.

Passados mais de quarenta anos, ele segue firme e forte deixando sua marca nos bastidores da música. Sua história realmente merece um livro: suas vivências ilustram a história da MPB vista por um ângulo privilegiadíssimo, com passagens e momentos que vão muito além do que foi mostrado nos videoclipes ou nas telas de TV.

Esse cara é um acervo vivo, e suas histórias precisam ser passadas adiante. Que ele siga assim, compartilhando esses momentos com um número cada vez maior de pessoas.

5. MOISÉS DA ROCHA: RADIALISTA

Nilton Ribeiro é, sem dúvida alguma, um dos mais competentes profissionais do mercado fonográfico.

Sua bondade, carisma e disponibilidade fraternal são imensuráveis!

Deus, com certeza, marca as pessoas com as quais podemos contar para tornar nossa sociedade mais justa e igualitária! O Niltão é uma delas!

Muito me honra ser seu amigo/irmão!

6. NELSON TRIUNFO: ATIVISTA SOCIAL

Pra quem não sabe, Niltão, nos anos 1970, era um dos melhores divulgadores da Omi-Odeon. Ele me contratava para fazer os clipes e divulgar os discos de George Clinton, Atomic Dog, Parlament, Brass Construction. Nessa época era muito louco: não havia dança na televisão, não havia internet, celular.

Niltão, neste período, também era ótimo DJ, requisitado para tocar em toda São Paulo e também no interior. Também fomos a Porto Alegre, onde o Mister Miltão tinha um grande público.

Ele foi muito importante no início da minha carreira, e estamos aí fazendo histórias!

7. ZÉ PAULO: CANTOR

Tudo começou quando gravei meu segundo disco, e algumas músicas desse disco estouraram. Fui convidado por Jô Soares para dar uma entrevista no então programa *Jô Soares Onze e Meia*, na minha ida pra SP.

Lá, Cristóvão Rodrigues passou o contato de Niltão e falou que eu deveria ligar e convidá-lo para fazer um trabalho no eixo Rio-SP com esse disco. Assim fiz e formamos uma parceria de sucesso: participei de todos os programas de TV, todos de rádio, show em praticamente todas as casas top da época, e até um show da Xuxa na Argentina.

Renovei contrato com a Continental, onde gravei outros discos e foi muito bom para nós dois; conquistamos mais que sucesso, realizamos sonhos, que fez com que cada um, depois de alguns anos, seguisse seu caminho — Niltão realizou o dele quando montou a Paradoxx, gravadora que ele foi sócio.

Somos amigos e fãs um do outro, pelo trabalho e determinação, foco e objetivo: foi assim que chegamos tão longe. Ele é um cara muito criativo, visionário, tem *feeling* para descobrir música boa, tem visão.

E nossa trajetória e parceria foi assim: viajamos pelo Brasil, América do Sul, trabalhando duro, mas de forma bem divertida.

Tenho muita coisa para contar do nosso trabalho juntos, as brincadeiras, as dificuldades... um livro seria pouco, risos. Mas ele é um vencedor, e o admiro muito.

8. DUDA PENTEADO: ARTISTA PLÁSTICO

A primeira vez que vi Nilton Ribeiro da Silva, ou, melhor dizendo Niltão, como é mais conhecido e carinhosamente o tratamos, foi durante a palestra da exposição "'Beauty for Ashes' (Das cinzas à beleza)" no SESC Pinheiros, em São Paulo, no dia 11 de setembro de 2009. No momento, eu estava no Brasil apresentando esta minha exposição que tratava das Torres Gêmeas (World Trade Center) em Nova York, juntamente com o dr. Carlos Hernandez, presidente emérito da NJCU & Co. e fundador do Open Sky Museum; e o dr. George N. Preston, crítico de arte e cofundador e diretor do Museum of Art and Origins, de NY.

No saguão de entrada, um homem negro, bem alto, de caminhar elegante e olhar profundo se aproximava, e logo se apresentou dizendo que um amigo em comum, o querido Matias José Ribeiro, assessor de imprensa e igualmente amante da Música Popular Brasileira, teria sugerido que viesse ao evento.

Tudo foi acontecendo de forma poética e informal, e Niltão, que mais parecia um embaixador da nossa cultura, no decorrer da conversa passa a contar histórias da nossa querida MPB. Nomes foram aparecendo de modo muito espontâneo: Djavan, Milton Nascimento, Caetano Veloso, Tim Maia etc. Fiquei impressionado, e logo pensei: "Este cara é de verdade ou é um grande contador de histórias?".

Seguimos conversando, e a situação me pareceu um pouco surreal, algo "daliniano". Resolvi desafiá-lo: "Bem, já que você conhece todo mundo por aqui, que tal levarmos esta turma de norte-americanos para um barzinho que toque as melhores músicas da nossa MPB?!". "Sem dúvida", disse Niltão, "conheço um lugar na Vila Madalena chamado Bar do Julinho que será perfeito para a ocasião".

Seguimos para o local e lá, dançando e cantando quase a noite toda, e entre comes e bebes, a conversa foi ficando cada vez mais interessante. Com minha curiosidade, comecei a perguntar mais sobre sua história, e ele seguiu falando coisas incríveis dos bastidores da música brasileira. Fiquei fascinado e percebi que estava diante de alguém único, uma história de natureza peculiar. A situação era um pouco estranha, porque eu tinha a sensação de que já éramos amigos há muito tempo, verdadeiros *brothers*.

De história em história, muitos anos se passaram e nós viajamos e realizamos alguns projetos de arte juntos em cidades como Salvador, Rio de Janeiro e São Paulo. Nunca vou me esquecer da semana que Niltão resolveu nos levar, a mim e à minha assessora de imprensa, Luiza Paiva, para conhecer todos os bastidores da televisão brasileira em São Paulo. Fomos às TVs Cultura, Bandeirantes, Rede Globo, e até no programa *Todo Seu* do Ronnie Von, na TV Gazeta, na famosa avenida Paulista.

Tudo parecia ser uma grande festa, Niltão conhecia todo mundo: de porteiro a secretárias e produtores culturais. Só aí é que entendi tudo: o meu amigo não era apenas um grande produtor da Música Popular Brasileira, mas um grande ser humano que conectava gerações, raças e culturas. Um verdadeiro *gentleman*!

E com grande carinho e convicção, desejo que a história de Nilton Ribeiro da Silva, o meu amigo Niltão, seja contada por muitas gerações. Este menino de pele preta que veio de Minas Gerais para São Paulo, conquistou e viajou o Brasil, levando o melhor da Música Popular Brasileira para todos os cantos do nosso planeta.

Para mim, Niltão é o Pelé da produção musical brasileira, transcendendo todas as barreiras sociais e raciais em busca de um mundo melhor, mais justo e com muito mais alegria!

9. CHOCOLATTE DA VILA MARIA: MÚSICO

Professor Nilton Ribeiro, Niltão, negro de Xangô!!!

Pai e avô lutando pelas causas afro, em especial na música.

Lutem, resistam, aprendam com o legado do professor Niltão! Nas lutas vividas, um exemplo de diplomacia e sabedoria.

Como artista, tive a honra de fazer parte de seu *cast*.

Eu me recordo das divulgações de trabalhos em Salvador, onde proporcionou meu encontro com Gerônimo, no escadão do Pelourinho. Do Rio de Janeiro, no samba do trabalhador, quando me colocou junto de Toninho Geraes. No Templo Guaracy, no sarau guaracyano, quando pude te ver apadrinhado por Paulo César Pinheiro.

Gratidão por tudo que me ensina e ensinou!

Kaô Kabecilê!

FOTOS

INSTAGRAM: @NILTAO_RIBEIRO_
YOUTUBE: NILTÃO RIBEIRO OFICIAL

Jamelão e Nilton

Luiz Américo, Júnior, Wilson das Neves, Nelson Sargento e Nilton

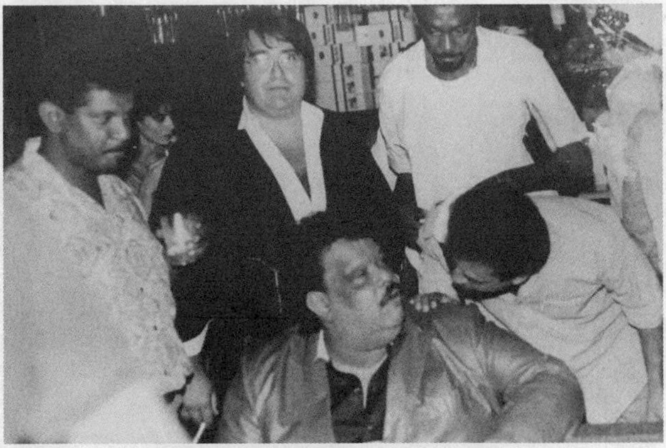

Cléo Galante, Wilson Souto, Tim Maia e Nilton

Nilton menino, vestido para a Primeira Comunhão

Nilton em participação do lançamento do LP Gerais - Milton Nascimento em Três Pontas/MG

Nilton e Angela Maria

Gonzaguinha, Nilton e Jamelão

Roberto Ribeiro e Nilton

Nilton recebendo Prêmio pelo disco de Jamelão, Teatro Municipal do Rio de Janeiro

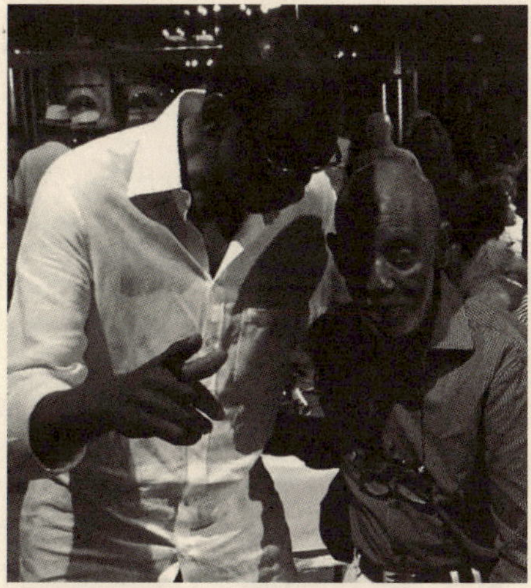

Nilton e Nelson Sargento

Nilton e Paulo César Pinheiro

Nilton, Bi Ribeiro e João Barone (Paralamas)

Nilton e Zuza

Nilton e Jorge Aragão

Nilton e Carlinhos Brown

Nilton e divulgadores na entrega do disco de ouro a Adoniran Brabosa, Clara Nunes e Clementina de Jesus

Milton Nascimento e Nilton

Nilton Ribeiro, Emanuel Araujo (fundador do Museu Afro Brasil) e Duda Penteado (Artivista)

Nilton e Eliana Ribeiro

REFERÊNCIAS BIBLIOGRÁFICAS

CARDOSO, Lourenço. *O branco ante a rebeldia do desejo*: Um estudo sobre o pesquisador branco que possui o negro como objeto científico tradicional. v. 2. Curitiba: Appris, 2020. (A branquitude acadêmica)

CAVALLEIRO, Eliane. *Do silêncio do lar ao silêncio escolar*: Racismo, preconceito e discriminação na educação infantil. São Paulo: Contexto, 2006.

CUTI (org.). *E assim falou o velho militante José Correia Leite*: Depoimentos e artigos. São Paulo: Secretaria Municipal de Cultura, 1992.

DAVIS, Angela. *Uma autobiografia*. São Paulo: Boitempo, 2019.

DORF, Mona. *Autores e Ideias*. São Paulo: Saraiva, 2010.

EUGÊNIO, Rodney William. *A bênção aos mais velhos*: Poder e senioridade nos terreiros de candomblé. Mairiporã: Arole Cultural, 2017.

FANON, Frantz. *Pele negra, máscaras brancas*. Salvador: EDUFBA, 2008.

FIGUEIREDO, Angela. *Classe média negra*: Trajetórias e perfis. Salvador: EDUFBA, 2012.

FERREIRA, Ricardo Franklin. *Afrodescendente*: Identidade em construção. São Paulo: EDUC/ Rio de Janeiro: Pallas, 2004.

FREIRE, Paulo. *Teoria e prática da libertação*. São Paulo: Centauro, 2001.

GOMES, Laurentino. *Escravidão*: Do primeiro leilão de cativos em Portugal à morte de Zumbi dos Palmares. Rio de Janeiro: Globo, 2019.

GOMES, Nilma Lino. *O movimento negro educador*: Saberes construídos nas lutas por emancipação. Petrópolis: Vozes, 2017.

GRANGE, Zelda la. *Bom dia, Sr. Mandela*. Ribeirão Preto: Novo Contexto, 2015.

HOOKS, bell. *Erguer a voz*: Pensar como feminista, pensar como negra. São Paulo: Elefante, 2019.

JAIME, Pedro. *Executivos negros*: Racismo e diversidade no mundo empresarial. São Paulo: Edusp, 2017.

JOVINO, Ione da Silva. *Crianças negras em imagens do século XIX*. São Paulo: Desconcertos, 2021.

KILOMBA, Grada. *Memórias da plantação*: Episódios de racismo cotidiano. Rio de Janeiro: Cobogó, 2019.

MOTTA, Nelson. *101 canções que tocaram o Brasil*. Rio de Janeiro: Estação Brasil, 2016.

MOURA, Clóvis. *Dialética radical do Brasil negro*. São Paulo: Fundação Maurício Grabois: Anita Garibaldi, 2014.

NASCIMENTO, Abdias. *O genocídio do negro brasileiro*: Processo de um racismo mascarado. São Paulo: Perspectiva, 2016.

OPIPARI, Carmen. *O candomblé*: Imagens em movimento. São Paulo: Edusp, 2009.

PRATA, Vander. *Clarindo Silva*. Salvador: Assembleia Legislativa do Estado da Bahia, 2012.

PROSE, Francine. *Para ler como um escritor*: Um guia para quem gosta de livros e para quem quer escrevê-los. Rio de Janeiro: Zahar, 2008.

RIBEIRO, Djamila. *Pequeno manual antirracista*. São Paulo: Companhia das Letras, 2019.

RIBEIRO, Djamila. *Lugar de fala*. São Paulo: Sueli Carneiro: Jandaíra, 2021. (Feminismos plurais).

RIBEIRO, Solano. *Prepare seu coração*: Histórias da MPB. São Paulo: Kuarup, 2018.

SANT'ANNA, Affonso Romano de. *A sedução da palavra*. Brasília: Letra Viva, 2000.

SANTOS, Gevanilda; SILVA, Maria Palmira da (org.). *Racismo no Brasil*: Percepções da discriminação e do preconceito racial no século XXI. São Paulo: Fundação Perseu Abramo, 2005.

SILVA, Ana Célia da. *A representação social do negro no livro didático*: O que mudou? Por que mudou? Salvador: EDUFBA, 2011.

SILVA, Eliana Ribeiro da. *Formação do leitor*. Curitiba: IESDE BRASIL, 2009.

SOUZA, Neusa Santos. *Tornar-se negro*: Ou As vicissitudes da identidade do negro em ascensão social. Rio de Janeiro: Zahar, 2021.

CRÉDITOS REFERENTES ÀS MÚSICAS QUE INICIAM CADA CAPÍTULO

1. *Renascer das cinzas,* Martinho da Vila,1974
2. *Disparada,* Théo de Barros e Geraldo Vandré, 1974
3. *Juventude transviada,* Luiz Melodia,1973
4. *Alguém me avisou,* Dona Ivone Lara, 1980
5. *Trem das onze,* Adoniran Barbosa, 1964
6. *Sintonia,* Moraes Moreira, 1986
7. *Travessia,* Milton Nascimento e Fernando Brant, 1967
8. *Emoções,* Roberto e Erasmo Carlos, 1981
9. *Minha festa,* Nelson Cavaquinho e Guilherme de Brito, 1973
10. Sol de primavera, Beto Guedes, 1979
11. *Segure tudo,* Martinho da Vila, 1993
12. *Novo tempo,* Ivan Lins e Vitor Martins, 1980
13. *Outra vez,* Isolda Bourdot, 1977
14. *Senhora liberdade,* Wilson Moreira, 1979
15. *A amizade,* Cesar Augusto, Bicudo, Djalma Falcão, 1991
16. *Identidade,* Jorge Aragão, 1992
17. *Nego vem cantar,* Martinho da Vila, 1974
18. *Vida de viajante,* Luiz Gonzaga, Hervé Cordovil, 1979
19. *Aquarela do Brasil,* Ary Barroso, 1939
20. *Missão,* Paulo César Pinheiro, João Bosco, 1994
21. *Kizomba,* festa da raça, Luiz Carlos da Vila, 1988
22. *Amigo é pra essas coisas,* Paulo César Pinheiro, Aldy Blanc, Silvio da Silva Jr., 1970

CRÉDITOS REFERENTES ÀS MÚSICAS CONSTANTES DO CAPÍTULO 13

1. *Estrela de Madureira,* Acy Pimentel e Vardos, 1975
2. *Um ser de luz,* João Nogueira, Mauro Duarte e Paulo Cesar Pinheiro, 1983
3. *O que é o que é,* Gonzaguinha, 1982
4. *Trem das Onze,* Adoniran Barbosa, 1964
5. *Fogo e Paixão,* Rose Burcci, 1985
6. *Matriz e Filial,* Lúcio Cardim 1964

7. *Meu bem querer*, Djavan, 1979
8. *Primavera*, Cassiano e Silvio Rochael, 1970
9. *Além do espelho*, João Nogueira e Paulo Cesar Pineiro, 1992
10. *Sonho meu*, Dona Ivone Lara e Délcio Carvalho, 1978
11. *Retrato cantado de um amor*, Adilson Bispo e Zé Roberto, 1986
12. *Alagados*, Herbert Viana, João Barone e Bi Ribeiro, 1986
13. *Resposta ao tempo*, Cristóvão Bastos e Aldyr Blanc, 1998
14. *Disparada*, Geraldo Vandré e Théo Barros, 1974
15. *Samba de Ninar*, Djalma Pires, Jorge Silva e Belo X, 2002
16. *Voa, Voa*, Chiclete com Banana, Beto Garrido e Alexandre Lima, 2003
17. *Madalena*, Ivan Lins e Ronaldo Monteiro de Sousa, 1971
18. *Garçom*, Reginaldo Rossi, 1987
19. *Domingo Feliz*, D.Boone, R. McQueen, versão Rossini Pinto, 1972
20. *Ah! Se seu soubesse*, Cléo Galante, 1971
21. *Pare de tomar a pílula*, Odair José, 1972
22. *Faraó, Divindade do Egito*, Luciano Gomes, 1987
23. *Feijão com arroz*, Zé Paulo, 1989
24. *Você não soube me amar*, Evandro Mesquita, 1982
25. *Pense em mim*, Douglas Maio, José Ribeiro e Mario Soares,1990
26. *Conselho*, Adilson Bispo e Zé Roberto, 1986
27. *La barca*, Roberto Cantoral, 1947
28. *Se a fila andar*, Toninho Geraes e Paulinho Rezende, 2014
29. *Tem que ser agora*, Beto Scala e São Beto, 1975
30. *Entra e sai de amor*, Altay Veloso, 1985
31. *Hora da União*, Totó Mugabe, 1979

Este livro foi composto nas fontes Americane e Warnock Pro e impresso em papel Pólen Natural 70g (miolo) e Supremo 250g (capa) pela Gráfica Loyola em outubro de 2024.